कविता क्या है

(आलोचना)

कविता क्या है

विश्वनाथ प्रसाद तिवारी

राजकमल प्रकाशन

ISBN : 978-81-7178-705-0

मूल्य : ₹495

पहला संस्करण : 1999
तीसरा संस्करण : 2018
पहली आवृत्ति : 2024

प्रकाशक : राजकमल प्रकाशन प्रा.लि.
1-बी, नेताजी सुभाष मार्ग, दरियागंज
नई दिल्ली-110 002

शाखाएँ : अशोक राजपथ, साइंस कॉलेज के सामने, पटना-800 006
पहली मंजिल, दरबारी बिल्डिंग, महात्मा गांधी मार्ग, प्रयागराज-211 001
1, अनमोल सोराबजी संतुक लेन, धोबी तलाव, मरीन लाइंस, मुम्बई-400 002
वेबसाइट : www.rajkamalprakashan.com
ई-मेल : info@rajkamalprakashan.com

मुद्रक : राजकमल प्रकाशन प्रा. लि.
नई दिल्ली-110 002

KAVITA KYA HAI
Criticism by Vishwanath Prasad Tiwari

भूमिका

कविता क्या है ?—इस प्रश्न के उत्तर में कोई एक सर्वसम्मत परिभाषा दे पाना कठिन है। अत्यंत प्राचीन काल से, सारी दुनिया में, कवि, दार्शनिक, आचार्य आलोचक और प्रबुद्ध विचारक काव्य की अपनी-अपनी परिभाषा देते रहे हैं। 'कविता' क्योंकि 'कवि' की अर्थात 'एक चेतन मनुष्य' की 'मानस-कृति' है, अतः इसका किसी कारखाने में बनी हुई 'वस्तु' के समान तात्त्विक विश्लेषण संभव नहीं है और इसीलिए इसका कोई एक सर्वमान्य निष्कर्ष प्रस्तुत करना भी कठिन है। जैसे हर मनुष्य का अपना एक रूप, स्वभाव और अंदाज होता है, वैसे ही हर भाषा और हर कविता का भी अपना रूप, स्वभाव और अंदाज होता है। इसलिए कविता के बारे में कोई सर्वमान्य निष्कर्ष, कोई ऐसी कसौटी जिस पर हर काल और हर भाषा की कविता शत-प्रतिशत खरी उतरे, प्रस्तुत करना और भी कठिन हो जाता है। अलग-अलग कालों में और अलग-अलग देशों में कविता के प्रतिमान भी बदलते रहे हैं। फिर भी, जिस प्रकार कुछ ऐसे सामान्य धर्म होते हैं जहाँ विविध आकृति-प्रकृति के मनुष्य मिलते हैं और मनुष्य के रूप में अपनी पहचान सुरक्षित रखते हैं, उसी प्रकार कविता के भी कुछ बुनियादी तत्त्व होते हैं जिनके कारण विविध कालों, विविध भाषाओं में लिखी गयी विविध भंगिमाओं वाली कविताएँ कविता के एक विशिष्ट रूप में पहचान ली जाती हैं। कविता के इन्हीं बुनियादी लक्षणों की चर्चा प्रस्तुत पुस्तक में हुई है। इस पुस्तक की सीमाओं में ज्यादा विस्तार की गुंजाइश न थी। पाठक केवल संकेत ग्रहण करेंगे और मानवता की महान कविता-परंपरा और काव्य-चिंतन के सूक्ष्म इतिहास में खुद घुसने और उसमें फुरसत से रमने की कोशिश करेंगे।

—विश्वनाथ प्रसाद तिवारी

अनुक्रम

अथातः काव्य मीमांसा

कविता क्या है ?—इस प्रश्न के उत्तर में कोई एक सर्वसम्मत परिभाषा दे पाना कठिन है। अत्यंत प्राचीन काल से, सारी दुनिया में, कवि, दार्शनिक आचार्य, आलोचक और प्रबुद्ध विचारक काव्य की अपनी-अपनी परिभाषा देते रहे हैं। 'कविता' क्योंकि 'कवि' की अर्थात् 'एक चेतन मनुष्य' की 'मानस-कृति' है अतः इसका किसी कारखाने में बनी हुई 'वस्तु' के समान तात्त्विक विश्लेषण संभव नहीं है और इसीलिए इसका कोई एक सर्वमान्य निष्कर्ष प्रस्तुत करना भी कठिन है। जैसे हर मनुष्य का अपना एक रूप, स्वभाव और अंदाज होता है वैसे ही हर भाषा और हर कविता का भी अपना रूप, स्वभाव और अंदाज होता है। इसलिए कविता के बारे में कोई सर्वमान्य निष्कर्ष—कोई ऐसी कसौटी जिस पर हर काल और हर भाषा की कविता शत-प्रतिशत खरी उतरे—प्रस्तुत करना और भी कठिन हो जाता है। अलग-अलग कालों में और अलग-अलग देशों में कविता के प्रतिमान भी बदलते रहे हैं फिर भी जिस प्रकार कुछ ऐसे सामान्य धर्म होते हैं जहाँ विविध आकृति-प्रकृति के मनुष्य मिलते हैं और मनुष्य के रूप में अपनी पहचान सुरक्षित रखते हैं, उसी प्रकार कविता के भी कुछ बुनियादी तत्त्व होते हैं जिनके कारण विविध कालों और विविध भाषाओं में लिखी गयी विविध भंगिमाओं वाली कविताएँ कविता के एक विशिष्ट रूप में पहचान ली जाती हैं। कविता के इन्हीं बुनियादी लक्षणों की चर्चा हम प्रस्तुत अध्याय में करेंगे।

काव्य के संबंध में भारतीय आलंकारिकों (आलोचकों) ने बड़ी गंभीरता से विचार किया है। भारतीय काव्यशास्त्र की यह परंपरा है तो बहुत प्राचीन लेकिन उसका प्राचीन साहित्य आज उपलब्ध नहीं है। ऐसी स्थिति में भारत में काव्यशास्त्र एवं कलाशास्त्र का प्राचीनतम उपलब्ध ग्रंथ भरत मुनि का 'नाट्यशास्त्र' ही है जिसका समय निश्चित रूप से कालिदास (तीसरी शताब्दी) के पहले का है। भरत के बाद भारतीय काव्यशास्त्र के मान्य आचार्यों में भामह (छठी शताब्दी), दण्डी (सातवीं शताब्दी), उद्भट (आठवीं शताब्दी), वामन (आठवीं शताब्दी), रूद्रट (825

ई. से 875 ई. के बीच), आनंदवर्द्धन (860 से 890 ई. के बीच), कुंतक (दसवीं शताब्दी), अभिनवगुप्त (दसवीं शताब्दी), राजशेखर (दसवीं शताब्दी), महिमभट्ट (1000 ई. के आसपास), भोज (1000 ई. के आसपास), क्षेमेन्द्र (11 वीं शताब्दी), मम्मट (11वीं शताब्दी), राजानक रुय्यक (12 वीं शताब्दी), हेमचन्द्र (1088 से 1172 ई.), विश्वनाथ कविराज (1200 ई. से 1350 ई. के बीच), अप्पय दीक्षित (17 वीं शताब्दी का अंत तथा 18 वीं शताब्दी का प्रारम्भ), पंडितराज जगन्नाथ (17 वीं शताब्दी का अंत तथा 18 वीं शताब्दी का प्रारम्भ) और विश्वेश्वर पंडित (18 वीं शताब्दी का अंतिम चरण) का नाम लिया जाता है।

पाश्चात्य काव्य-चिंतन की परंपरा भी अत्यंत प्राचीन और गंभीर है। साहित्य, कला, दर्शन और सौंदर्यशास्त्र के विषय में यूनान, इटली, फ्रांस, जर्मन, इंग्लैण्ड आदि देशों के चिंतकों ने बड़ी सूक्ष्मता से विचार किये हैं। परवर्ती काल में रूस और अमेरिका में काव्य-कला चिंतन के नये आयाम उभरे हैं। प्लेटो (427 ई. पू.–347 ई. पू.), अरस्तू (384 ई. पू.–322 ई. पू.), होरेस (65 ई. पू.–8 ई. पू.), लोंगिनुस (ईसा की पहली अथवा तीसरी शताब्दी), जॉन ड्राइडन (1610-1700 ई.), बुअलो (1636-1711 ई.), गेटे (1749-1832 ई.), शिलर (1759-1805 ई.), वर्ड्सवर्थ (1770-1850 ई.), कॉलरिज (1772-1834 ई.), शैले (1792-1822 ई.), कार्ल मार्क्स (1818-1883 ई.), मैथ्यू आर्नल्ड (1822-1888 ई.), तोलस्तोय (1828-1910 ई.) ब्रेडले (1851-1935 ई.), सिगमण्ड फ्रायड (1856-1939 ई.), बेनेदेतो क्रोचे (1886-1952 ई.), कार्ल युंग (1875- ई.), टी. एस. इलिएट (1888-1965 ई.) और आई. ए. रिचर्ड्स (1893-1979 ई.) के नाम इस संदर्भ में विशेष रूप से उल्लेखनीय हैं।

ऊपर जिन भारतीय और पाश्चात्य काव्यचिंतकों के नामोल्लेख हुए हैं, उनका क्रमबद्ध चिंतन प्रस्तुत करना इस पुस्तक का उद्देश्य नहीं है। लेकिन काव्य-चिंतन की अपनी इस महान विरासत को छोड़कर एक कदम भी आगे बढ़ना असम्भव है। प्रस्तुत पुस्तक के विविध प्रसंगों में आवश्यकतानुसार उपर्युक्त विचारकों के मतों का उल्लेख करते हुए अपनी बात को आगे बढ़ाया गया है।

यदि काव्य-चिंतन की परंपरा प्राचीन है तो कविता की और भी प्राचीन। दुनिया की तमाम भाषाओं में बहुत श्रेष्ठ कविताएँ लिखी गयी हैं और आज भी लिखी जा रही हैं। हमारी कविता-परंपरा में अनेक महान कवि हुए हैं जिनका मनुष्य के जीवन पर गहरा प्रभाव पड़ा है। इस पुस्तक में प्रमुख भाषाओं के कुछ अत्यंत प्रमुख कवियों के आवश्यक उद्धरण भी प्रसंगवश दिये गये हैं।

जाहिर है इस पुस्तक की सीमाओं में ज्यादा विस्तार की गुंजाइश न थी। पाठक केवल संकेत ग्रहण करें और मानवता की महान कविता-परंपरा और काव्य-चिंतन के सूक्ष्म इतिहास में खुद घुसने और उसमें फुरसत से रमने की कोशिश करें।

कविरेव प्रजापतिः

कविता क्योंकि कवि-मानस में सृजित होती है अतः वह वही होती है जो कवि स्वयं होता है। भारतीय काव्यशास्त्र में कवि को महत्त्व दिया गया है। आनंदवर्द्धन ने कवि को प्रजापति (ब्रह्मा) कहा है—'अपारे काव्य संसारे कविरेव प्रजापतिः' (ध्वन्यालोक)। मम्मट ने तो कवि की सृष्टि को ब्रह्मा की सृष्टि से भी उत्कृष्ट कहा है क्योंकि कवि की सृष्टि नियतिकृत नियमों से मुक्त, केवल आनंद देने वाली, किसी के अधीन न रहनेवाली तथा नव रसों से युक्त है—

नियतिकृतनियमरहितां हूलादैकमयीमनन्यपर तंत्राम्।
नवरसरुचिरां, निमितिमादधती भारती कवेर्जयति।।

—काव्य प्रकाश

राजशेखर ने 'काव्यमीमांसा' के दशम् अध्याय में कवि के स्वरूप और कवि-कोटियों के बारे में बहुत विस्तार से लिखा है। कवियों के रहन-सहन, दिनचर्या, राज्य सभा और कवि दरबार आदि का जो वर्णन राजशेखर ने किया है उससे तत्कालीन सत्ता और समाज में कवि की स्थिति का विशद परिचय तो मिलता ही है उसके महत्त्व का भी बोध होता है।

कोई कवि क्यों लिखता है अर्थात् किन उपादानों से काव्य-रचना में प्रवृत्त होता है, इस संबंध में भारतीय साहित्यशास्त्रियों ने 'काव्य-हेतुओं' के अंतर्गत विचार किया है। काव्य-रचना के तीन हेतु माने गये हैं—प्रतिभा (शक्ति), व्युत्पत्ति (निपुणता) और अभ्यास। प्रतिभा को लगभग सभी आचार्यों ने अनिवार्य महत्त्व दिया है। ऐसे व्यक्ति को जिसमें प्रतिभा नहीं है, काव्य-रचना सिखाई नहीं जा सकती, जैसे अंधे को सूरज नहीं दिखाया जा सकता। दार्शनिक प्रवृत्ति के भारतीय आचार्य इस संपूर्ण सृष्टि को प्रतिभा का ही विवर्त मानते हैं जो अंत में प्रतिभा में ही लीन हो जाती है। यास्क मुनि ने प्रलय की चर्चा करते हुए लिखा है—युग सहस्र पर्यन्त ब्रह्मा सोने की इच्छा से अपने अंगों को समेट लेते हैं। उस समय भूत समुदाय पृथ्वी में लीन

हो जाता है, पृथ्वी जल में, जल ज्योति में, ज्योति वायु में, वायु आकाश में, आकाश मन में, मन विद्या में, विद्या महानात्मा में, महानात्मा प्रतिभा में और प्रतिभा प्रकृति में समा जाती है।[1] अभिनवगुप्त प्रतिभा को शिव की परम शक्ति मानते हैं। वे लिखते हैं, "जिसके उन्मीलन से सृष्टि का प्रकाशन होता है, जो आत्म में निवास करती है, शिव की उस परम शक्ति प्रतिभा को नमस्कार करता हूँ।"[2] प्रतिभा वह विशिष्ट अंतःशक्ति है जिसमें उद्भावना और रचना की विरल क्षमता होती है। अभिनवगुप्त के अनुसार, "प्रतिभा वस्तु के अपूर्व निर्माण में समर्थ प्रज्ञा का नाम है।"[3] भट्टतोत ने 'नव-नव उन्मेष करने वाली प्रज्ञा को प्रतिभा कहा है।'[4] दण्डी के अनुसार, प्रतिभा 'पूर्वजन्म के संस्कारों द्वारा'[5] प्राप्त होती है। वामन 'जन्म-जन्मांतर के संस्कार-विशेष'[6] को प्रतिभा कहते हैं। अभिनवगुप्त के अनुसार 'अनादिकाल से प्राप्त संस्कार'[7] की अभिव्यक्ति प्रतिभा में होती है। स्पष्ट है कि इन आचार्यों के अनुसार प्रतिभा का संबंध पूर्वजन्म से है और वह अर्जित शक्ति नहीं है। लेकिन यहाँ ध्यान रखना होगा कि अधिकांश भारतीय आचार्य प्रतिभा के साथ निपुणता और अभ्यास को भी आवश्यक काव्य-हेतु के रूप में स्वीकार करते हैं।[8] कवि के लिए केवल प्रतिभा पर्याप्त नहीं है। व्युत्पत्ति और अभ्यास के बिना प्रतिभा निष्क्रिय हो जाती है। व्युत्पत्ति बहुज्ञता को कहते हैं। यह अध्ययन के द्वारा प्राप्त होती है। शास्त्र के चिन्तन-मनन, काव्य-परंपरा के अध्ययन तथा लोक के निरीक्षण आदि से कवि में इस गुण का समावेश होता है। कवि के लिए निरंतर अभ्यास भी आवश्यक है क्योंकि इससे उसकी रचना प्रौढ़ होती है।

यूनानी विचारक प्लेटो के अनुसार कवि ईश्वरीय उन्माद के वशीभूत होकर काव्य-रचना करता है। 'फेद्रुस' में प्लेटो सुकरात के मुख से कहलाते हैं : "तीसरे प्रकार का उन्माद उनका है जो काव्य-देवी से आविष्ट होते हैं। काव्य-देवी कोमल और निर्मल आत्मा को अपने अधिकार में लेकर और उसमें उन्माद जगाकर प्रगीत या अन्य कविताओं को उत्पन्न करती है...किंतु जो अपनी आत्मा में काव्य-देवी के

1. उद्धृत, कला और साहित्य की दार्शनिक भूमिका : शिवशंकर अवस्थी, पृ. 77
2. यदुन्मीलन शक्त्यैव विश्वमुन्मीलित क्षणात्
स्वात्मायतनविश्रांतां, ता, वन्दे प्रतिभा शिवाम्—ध्वन्यालोक
3. प्रतिभा अपूर्व वस्तु निर्माण क्षमा प्रज्ञा—ध्वन्यालोक
4. प्रजा नवनवोन्मेषशालिनी प्रतिभा मता—काव्यानुशासन
5. पूर्ववासनागुणानुबन्धि प्रतिभानमदभुतम—दण्डी
6. जन्मांतरगत संस्कारविशेष : कश्चित्—वामन
7. अनादिप्राक्तनसंस्कारप्रतिभानस्य—अभिनवगुप्त
8. शक्तिनिपुणता लोकशास्त्रकाव्याद्यवेक्षणात्।
काव्यज्ञशिक्षयाभ्यास इति हेतुस्तदुद्भवे ।।—मम्मट

उन्माद के स्पर्श के बिना दरवाजे पर आता है और सोचता है कि कला की सहायता से मंदिर में प्रवेश पा लेगा तो मैं कहे देता हूँ कि उसका और उसकी कविता का प्रवेश नहीं हो सकता। जब कोई स्वस्थ चित्त व्यक्ति उन्मत्त से प्रतिद्वंद्विता करता है तो कहीं का नहीं रहता, हवा में उड़ जाता है।'' इसी विचार को प्लेटो 'इओन' में भी व्यक्त करते हैं : 'काव्य-देवी सर्वप्रथम मनुष्यों को स्वयं प्रेरित करती हैं...कारण कि सभी अच्छे कवि, चाहे वे महाकाव्य के रचयिता हों अथवा प्रगीत के, अपनी कविता की रचना कला के द्वारा नहीं करते बल्कि इसीलिए करते हैं कि वे अंतः-प्रेरित [Inspired] और आविष्ट [Possessed] होते हैं।''[1]

काव्य या कला की प्रेरणा का यह सिद्धांत, जिसके अनुसार कवि किसी देवी या आध्यात्मिक या वाह्य नियंत्रण में उसके प्रवक्ता की भूमिका में काव्य-रचना करता है, अब अमान्य हो चुका है।

काव्य या कला की प्रेरणा संबंधी उपर्युक्त सिद्धांत का ही एक दूसरा पहलू मनोवैज्ञानिक विचारकों द्वारा प्रवर्तित है जिसके अनुसार कवि-कलाकार को रचना की प्रेरणा उसके भीतर से ही अर्थात् उसके मन-मस्तिष्क से ही प्राप्त होती है। यह सिद्धांत, जिसमें तथ्य के अंश हैं, अब भी काव्य-कला-विचारकों के बीच एक सीमा तक मान्य है। इस संदर्भ में फ्रायड और युंग की चर्चा प्रासंगिक होगी।

फ्रायड के अनुसार लेखक वही करता है जो बच्चा खेल में करता है। बच्चा अतिकल्पना का जगत बनाता है और उसे गंभीर भाव से ग्रहण करता है। उसकी क्रीड़ा उसकी इच्छाओं से निर्धारित होती है। जब बच्चा बड़ा होता है तो क्रीड़ा छोड़ देता है और कल्पना-चित्रों की सृष्टि आरम्भ कर देता है। ये दिवास्वप्नों और निशास्वप्नों के रूप में होते हैं। अतृप्त इच्छाएँ ही कल्पना-चित्रों की प्रेरक शक्ति हैं, प्रत्येक पृथक कल्पना-चित्र में एक इच्छा की पूर्ति समाहित है और वह असंतोषप्रद वास्तविकता की स्थिति को थोड़ा-बहुत सुधारता है। ये प्रेरक इच्छाएँ व्यक्ति के यौन-भेद, चरित्र तथा परिस्थितियों के अनुसार भिन्न-भिन्न होती हैं किंतु फिर भी उन्हें आसानी से दो प्रमुख वर्गों में बाँटा जा सकता है। ये इच्छाएँ या तो महत्त्वाकांक्षाएँ होती हैं जो व्यक्ति के उत्कर्ष में सहायक होती हैं या ये काममूलक होती हैं। जिन इच्छाओं को हम अपने आपसे छिपाना चाहते हैं, जो दमित हो अचेतन में निष्कासित हो जाती हैं, वे रात्रि में उभर आती हैं। फ्रायड के अनुसार ऐसे लेखक जो कल्पना-प्रवण होते हैं और अपनी सामग्री की उद्भावना स्वयं करते हैं, दिवास्वप्न-द्रष्टा होते हैं। एक यथार्थ अनुभव, जो लेखक के मानस पर प्रबल प्रभाव अंकित करता है, वह किसी पूर्व अनुभव—स्मृति—साधारणतः बाल्यकाल की अनुभव-स्मृति को उद्वेलित करता है। उससे फिर एक इच्छा स्फुरित

1. उद्धृत, पाश्चात्य काव्यशास्त्र : देवेन्द्रनाथ शर्मा, पृ. 13-14.

होती है जिसकी पूर्ति उक्त कलाकृति के रूप में होती है। कलाकार की भी एक अंतर्मुखी प्रवृत्ति होती है। वह अपनी सहजवृत्ति की आवश्यकताओं से संचालित होता है। वह प्रतिष्ठा, प्रभुत्व, यश एवं नारियों के प्रेम को प्राप्त करने की लालसा रखता है किंतु इन्हें प्राप्त करने के साधनों का उसके पास अभाव होता है। अतः किसी भी अतृप्त इच्छाओं वाले व्यक्ति की तरह वह वास्तविकता से दूर भागता है और अपनी संपूर्ण रुचि को...संपूर्ण काम-वासना को कल्पना-चित्रों के जगत की एषणा-सृष्टि में स्थानांतरित करता है। किंतु कलाकार उन सामान्य लोगों से कुछ विशिष्ट है जो कलाकार नहीं हैं। पहली बात तो यह कि वह जानता है कि किस प्रकार दिवास्वप्नों का परिवर्द्धन किया जा सकता है ताकि उनमें निहित कलाकार की वैयक्तिकता का परिहार हो सके जिससे कि श्रोता रस ग्रहण कर सकें। दूसरी बात यह कि उसे यह मालूम है कि किस प्रकार कल्पना-चित्रों का संस्कार करना चाहिए ताकि उन वर्जित स्रोतों का सहज पता न चल सके जिनसे इनका उद्गम होता है। और, उसके पास एक ऐसी रहस्यमयी क्षमता है जो उसकी सामग्री को एक विशिष्ट रूप-आकार देती है, ताकि वह उसके कल्पना-चित्रों में निहित विचारों को ईमानदारी से व्यक्त कर सके। तदुपरांत वह जानता है कि कल्पना-चित्रों के इस जगत की अभिव्यक्ति में किस प्रकार आनंद के एक ऐसे सशक्त प्रवाह को प्रवाहित करना चाहिए ताकि कम से कम कुछ काल के लिए दमन के अवरोध बह जाएँ।[1]

कला संबंधी फ्रायड के उपर्युक्त विचारों की आलोचना स्वयं एक समय के उनके सहयोगी कार्ल युंग ने की। उनके अनुसार—यदि एक कलाकृति और एक स्नायविक विकृति की पूर्णरूपेण एक ही व्याख्या हो तो या तो कलाकृति स्नायविक विकृति है अथवा स्नायविक विकृति कलाकृति है।...उस मनोविज्ञान को, जो विशुद्ध रूप से जैविकीय स्थापनाओं को स्वीकार करता है, कुछ सीमा तक मनुष्य के अध्ययन के लिए स्वीकार किया जा सकता है, किंतु एक सच्ची कलाकृति को उससे नापा नहीं जा सकता, और स्रष्टा मानव का इससे अध्ययन करना और भी कठिन है।...गद्य और पद्य दोनों में ऐसी रचनाएँ हैं जो पूर्णतः लेखक की इस इच्छा और संकल्प को प्रकट करती हैं कि उसे कौन-सा प्रभाव उत्पन्न करना अभिप्रेत रहा है। यहाँ लेखक अपनी सामग्री का एक निश्चित प्रयोग करता है जो एक दिशा-विशेष में उन्मुख होता है, और साथ ही सोद्देश्य भी।...इस सारी क्रिया में वह अपनी सजग विवेक-बुद्धि का प्रयोग करता है, अपनी अभिव्यक्ति में वह पूर्ण स्वतंत्र रहता है। उसकी दृष्टि में उसकी सामग्री केवल सामग्री मात्र है और वह उसकी कलात्मक लक्ष्य-साधना के सर्वथा अधीन है।...दूसरे प्रकार की कलाकृतियाँ वे हैं जिनका

1. उद्धृत, पाश्चात्य काव्यशास्त्र की परंपरा : सं. सावित्री सिन्हा, पृ. 328-338

लेखक की लेखनी से प्रायः सहज और पूर्ण स्फुरण होता है। ये रचनाएँ निश्चय ही लेखक को अभिभूत कर लेती हैं, उसका हाथ मानो सम्मोहित हो गया हो, उसकी लेखनी जो कुछ लिखती है उसे उसका मस्तिष्क विस्मय से देखता है।...इस स्थिति में जबकि उसकी चेतना अपने आपको व्यग्र और रिक्त पाती है, वह अनुभव करता है कि वह ऐसे भावों और बिंबों से उद्वेलित हो रहा है, जिनकी उद्भूति उसे कभी भी अभिप्रेत नहीं है और जिन्हें उसका संकल्प कभी भी रूप-आकार नहीं देता।...कलाकृति के उद्गम के ये दो विभिन्न स्रोत हो सकते हैं। प्रथम को हम अंतर्मुखी कहेंगे और दूसरे को बहिर्मुखी। अंतर्मुखी प्रवृत्ति में विषय के स्वत्व और महत्त्व-प्रदर्शन के विरुद्ध विषयी के चेतन लक्ष्य और उद्देश्य प्रबल होते हैं, बहिर्मुखी प्रवृत्ति में विषयी विषय के दावे के अधीन होता है।

युंग ने अचेतन के दो रूप माने हैं—व्यक्तिगत और सामूहिक। उनके अनुसार, व्यक्तिगत अचेतन एक दृष्टि से चेतन के द्वार के ठीक तले का अपेक्षाकृत छिछला-सा स्तर है, इसके विपरीत सामूहिक अचेतन सामान्य अवस्थाओं में चेतन से समायोजित नहीं होता। अतः किसी भी विश्लेषण पद्धति के द्वारा उसे चेतन पुनः स्मृति की सीमा में नहीं लाया जा सकता, क्योंकि वह न तो दमित ही है और न विस्मृत। वह आदिकाल से स्मृति को सहायता देने वाले बिंबों के रूप में है। बिंब हमारे पूर्वजों के असंख्य विशिष्ट अनुभवों के संचित-संकलित परिणाम हैं मानो वे एक ही प्रकार के अनगिनत अनुभवों के मथे हुए अवशेष हैं। वे कोटि-कोटि वैयक्तिक अनुभवों के पुंज हैं जो मानस-जीवन का एक महान चित्र उपस्थित करते हैं—ऐसा चित्र जो महाकाय पुराण-गाथाओं के विभिन्न रूपों में बँटा हुआ, प्रक्षेपित है। ये पौराणिक गाथाएँ अपने आपमें भी सर्जनात्मक कल्पना-चित्रों की मूल संवेदनाएँ हैं।...जो व्यक्ति आदिबिंबों में बोलता है, वह सहस्र जिह्वाओं के द्वारा बोलता है। वह जिस विचार को व्यक्त करता है उसे सामान्य और क्षणभंगुर के परे शाश्वत के क्षेत्र में उठा देता है। वह वैयक्तिक नियति को मानव जाति की नियति में परिवर्तित कर देता है। इस प्रकार वह उन मंगलमय शक्तियों को उद्बुद्ध करता है जिन्होंने संकट में मानव जाति की रक्षा की है। प्रभावशाली कला का यही रहस्य है। क्रियात्मक प्रक्रिया मूल बिंब के अचेतन रूप से प्राणवान होने में निहित है। आदि बिंब का रूप-ग्रहण मानो वर्तमान की भाषा में पुरातन का अनुवाद है। इससे प्रत्येक व्यक्ति के लिए यह संभव होता है कि वह जीवन के उन गहनतम स्रोतों तक पहुँच सके जो उसके लिए अगम हैं। इसी में कला का सामाजिक महत्त्व है। कलाकार वर्तमान से तृप्त नहीं होता, उसकी एषणा अचेतन के उस आदि-बिंब का स्पर्श करती है जो युग की आत्मा की एकांगिता एवं अपर्याप्तता को भर सकती है। कलाकार इस बिंब को ग्रहण करता है, गहनतम अचेतन से निकालकर उसे चेतन मूल्यों से संबद्ध करता है, इस प्रतिष्ठा की क्रिया में वह उसके रूप को बदल देता है जिससे

कि उसके समसामयिक अपनी शक्तियों के अनुरूप उसे ग्रहण कर सकें।[1]

इटली के प्रसिद्ध दार्शनिक क्रोचे [Benedetto Croce] कला को अंतःप्रज्ञा [Intuition] मानते हैं। उनके अनुसार प्रत्येक कला अंतःप्रज्ञा है और प्रत्येक अंतःप्रज्ञा कला। अंतःप्रज्ञा एक प्रकार का आंतरिक ज्ञान या अनुभूति है जो स्वयं प्रकाश है, उसके लिए किसी अन्य साधन की आवश्यकता नहीं होती। अंतःप्रज्ञा के साथ अभिव्यंजना का नित्य संबंध है अर्थात् जहाँ भी अंतःप्रज्ञा होगी वहाँ अभिव्यंजना जरूर होगी। यह संभव नहीं कि हम किसी चीज को जानें और उसे कह न सकें या जिसे कहें, उसे जानें नहीं। यह अभिव्यंजना ही कला है। क्रोचे के अनुसार क्योंकि अंतःप्रज्ञा और अभिव्यंजना की प्रक्रिया आंतरिक है, अतः कला भी आंतरिक होती है। वह कलाकार की आत्मा में होती है। बाहर जो दीखता है वह कला के वाह्य रूप का प्रतिपालन मात्र है। क्रोचे के अनुसार कला अखंड होती है क्योंकि अंतःप्रज्ञा अखंड होती है। कोई भी काव्य, चित्र या मूर्ति अपने पूर्ण, अखंड रूप में ही कवि के मन में स्फुरित होती है और उस स्फुरण में ही वह अभिव्यंजना या कला का रूप ग्रहण कर लेती है। बाद में कवि इसी अंतःस्थित रूप को कागज पर उतारता है। यह स्फुरण एकाएक होता है, इसके लिए कोई प्रयास जरूरी नहीं। क्रोचे के अनुसार कला की उत्पत्ति ऐच्छिक क्रिया नहीं है। कलाकार चाहे या न चाहे, समय आने पर कलाकृति सहज भाव से स्वयं उत्पन्न हो जाती है। क्रोचे के अनुसार अंतःप्रज्ञा वैयक्तिक है। ऐसा स्वीकार करके क्रोचे कलाकार को अतिरिक्त महत्त्व देते हैं।[2] क्रोचे आत्मवादी दार्शनिक हैं। उनके सौंदर्यदर्शन का आधार है कलावाद [Aestheticism] और स्वच्छन्दतावाद [Romanticism] ।

अंग्रेजी स्वच्छन्दतावादी आंदोलन के प्रवर्तक कवि वर्ड्सवर्थ और कॉलरिज भी कविता को आंतरिक प्रक्रिया मानते हुए कवि को बहुत कुछ अतिरिक्त महत्त्व देते हैं। कविता को 'प्रबल भावों का सहज उच्छलन' [Poetry is the spontaneous overflow of powerful feelings.] कहकर वर्ड्सवर्थ ने कविता की अनायासता और उसके सहज स्फूर्त रूप का प्रतिपादन किया तथा साथ ही काव्य-सर्जन-प्रक्रिया पर कवि की दृष्टि से विचार किया। वर्ड्सवर्थ के अनुसार कवि की संवेदनशीलता और कोमलता तथा उसकी निरीक्षण एवं ग्रहण-शक्ति साधारण मनुष्यों की अपेक्षा अधिक होती है। कॉलरिज भी काव्य की सर्जन-प्रक्रिया पर विचार केन्द्रित करते हुए कवि-प्रतिभा को रेखांकित करते हैं क्योंकि प्रतिभा ही कवि के मन में भावों, विचारों और बिंबों को पुष्ट एवं रूपांतरित करती है। कॉलरिज के अनुसार प्रतिभा सहज, जन्मजात, सर्जनशील और आत्मनिर्भर होती है। कॉलरिज द्वारा निरूपित

---

1. उद्धृत, पाश्चात्य काव्यशास्त्र की परंपरा : सं. डॉ. सावित्री सिन्हा, पृ. 340-354
2. उद्धृत, पाश्चात्य काव्यशास्त्र : देवेन्द्रनाथ शर्मा : पृ. 164-184

प्रतिभा भारतीय काव्यशास्त्र में निरूपित प्रतिभा से प्रायः एक रूप है।[1] स्वच्छन्दतावादी आंदोलन के कवि कविता की परिभाषा के लिए जिस शब्दावली का इस्तेमाल करते हैं, उससे जाहिर है कि उनके अनुसार कविता का स्रोत वाह्य संसार नहीं बल्कि कवि स्वयं है। और, कवि का बौद्धिक [Rational] रूप नहीं बल्कि उसका भावुक [Emotional] रूप प्रमुख है। उदाहरण के लिए वर्ड्सवर्थ द्वारा प्रस्तुत Spontaneous (जो Calculated शब्द का उल्टा है), Overflow (जो Disciplined का उल्टा है) तथा Powerful Feelings (जो Rational का उल्टा है) जैसे शब्दों को देखा जा सकता है। इसी प्रकार इन कवियों द्वारा प्रयुक्त Self expression (आत्माभिव्यक्ति), Imagination (कल्पना), Spirit (आत्मा), Innerworld (अंतर्जगत) आदि शब्द भी हैं। इन शब्दों का प्रयोग हिंदी के छायावादी कवि और उनके समर्थक आलोचक भी करते हैं।

ऊपर काव्य के संबंध में जिन विचारों का उल्लेख हुआ है, वे प्रायः कवि को केन्द्र में रखते हुए उसको अतिरिक्त महत्त्व देते हुए, काव्य को एक वैयक्तिक क्रिया मानते हैं। इसे स्वीकार करने में एक सीमा तक तो किसी को कोई आपत्ति नहीं होगी क्योंकि कवि-मानस ही वह भट्ठी है जिसमें कविता ढलती और आकार लेती है। टी. एस. इलिएट ने इसी को यों कहा है कि कलाकार का मन एक प्रकार का भंडार है जिसमें अनेक प्रकार की अनुभूतियाँ, शब्द, विचार, चित्र इकट्ठे हुए रहते हैं, उस क्षण की प्रतीक्षा में जब तक कि कवि-प्रतिभा के ताप से एक नया रसायन, एक चामत्कारिक योग उत्पन्न नहीं हो जाता। लेकिन इसका यह अर्थ नहीं कि कविता का एकमात्र स्रोत कवि ही है और उसके लिए वाह्य संसार या शेष सृष्टि का कोई महत्त्व नहीं है। कवि को अंतःप्रेरित, आविष्ट और अचेतन-परिचालित या कविता को सहज स्फुरण या विशुद्ध अंतःप्रेरणा या दैवी उन्माद मानना अर्थात् कविता को ऐच्छिक क्रिया न मानना, कवि व्यापार, और शब्द-शोधन-व्यापार को ही अस्वीकार करना है। इससे कवि का महत्त्व बढ़ता नहीं बल्कि उसकी विशिष्ट सर्जनशील भूमिका ही समाप्त हो जाती है। कवि अगर कर्ता है और कविता एक सचेत कर्म, तो कविता को दैवी और रहस्यमय मानने का कोई आधार नहीं है। काव्य-सृजन-प्रक्रिया के संबंध में माना जा सकता है कि कवि जिसमें रचने की शक्ति होती है, अपनी इस शक्ति या प्रतिभा के कारण अन्य लोगों से एक स्तर पर विशिष्ट होता है लेकिन उसकी प्रतिभा एक सचेत ज्ञान एवं व्यापक जीवनानुभव, निरीक्षण तथा कौशल से परिष्कृत, समृद्ध और प्रौढ़ होती है। कवि के भीतर जो सर्जनशील चेतना होती है उसी का नाम 'प्रतिभा' है। वह सर्जनशील चेतना इंद्रियों के माध्यम से वाह्य संसार को ग्रहण करती है। उसके साथ एक प्रकार का रचनात्मक संघर्ष करती है। इसी प्रक्रिया को निपुणता और अभ्यास कहते हैं। वाह्य जगत के साथ इस रचनात्मक संघर्ष के बाद ही कवि की सर्जनशील चेतना जो रूप-निर्माण करती है उसे कला और काव्य-रचना कहा जाता है।

---

1. उद्धृत, पाश्चात्य काव्यशास्त्र : देवेन्द्रनाथ शर्मा : पृ. 111-133

अनन्त रूपात्मक जगत

हिंदी के प्रसिद्ध आलोचक आचार्य पं. रामचन्द्र शुक्ल उस अनन्त रूपात्मक जगत को बहुत महत्त्व देते हैं जिसके बीच कवि रहता है और जिसके बीच ही काव्य-रचना संभव होती है। शुक्लजी के ही शब्दों में, "मनुष्य लोकबद्ध प्राणी है। उसकी अपनी सत्ता का ज्ञान तक लोकबद्ध है। लोक के भीतर ही कविता या किसी कला का प्रयोजन और विकास होता है।"[1] उनके अनुसार संसार-सागर की रूप-तरंगों से ही मनुष्य की कल्पना का निर्माण और उसके भीतर विविध भावों या मनोविकारों का विधान हुआ है। प्रत्यक्ष अनुभव किये हुए बाहरी रूप-विधान से ही स्मृत रूप-विधान और कल्पित रूप-विधान की योजना होती है।[2] शुक्लजी कवि और कविता के साथ शेष सृष्टि के पारस्परिक रिश्ते का महत्त्वपूर्ण विश्लेषण करते हैं। उनका 'काव्य में प्राकृतिक दृश्य' शीर्षक निबंध इस विश्लेषण का प्रमाण है। इस निबंध में वे लिखते हैं कि मनुष्य शेष प्रकृति के साथ अपने रागात्मक संबंध का विच्छेद करने से अपने आनंद की व्यापकता को नष्ट करता है। कविता का संबंध ब्रह्म की व्यक्त सत्ता से है, चारों ओर फैले गोचर जगत से। शुक्लजी के अनुसार इस व्यक्त पक्ष में भी वही असीमता और वही अनंतता है जो अव्यक्त पक्ष में। इसीलिए शुक्लजी काव्य में रहस्यवाद को समर्थन नहीं देते। वे किसी अगोचर और अज्ञात के प्रेम में आँसुओं की आकाशगंगा में तैरने को उपयुक्त नहीं मानते। उनकी दृष्टि में अज्ञात की 'जिज्ञासा' ही का कुछ अर्थ होता है, उसकी 'लालसा' या 'प्रेम' का नहीं।

'कविता क्या है' शीर्षक अपने प्रसिद्ध निबंध में शुक्ल जी लिखते हैं, "हृदय पर नित्य प्रभाव रखने वाले रूपों और व्यापारों को भावना के सामने लाकर कविता वाह्य प्रकृति के साथ मनुष्य की अंतःप्रकृति का सामंजस्य घटित करती हुई उसकी

---

1. चिंतामणि (दूसरा भाग) : 'काव्य में रहस्यवाद'।
2. चिंतामणि (पहला भाग) : 'रसात्मक बोध के विविध रूप'।

भावनात्मक सत्ता के प्रसार का प्रयास करती है। यदि अपने भावों को समेट कर मनुष्य अपने हृदय को शेष सृष्टि से किनारे कर ले या स्वार्थ की पशुवृत्ति में ही लिप्त रखे तो उसकी मनुष्यता कहाँ रहेगी ? यदि वह लहलहाते हुए खेतों और जंगलों, हरी घास के बीच घूम-घूमकर बहते हुए नालों, काली चट्टानों पर चाँदी की तरह ढलते हुए झरनों, मंजरियों से लदी हुईं अमराइयों और पटपर के बीच खड़ी झाड़ियों को देख क्षण भर लीन न हुआ, यदि कलरव करते हुए पक्षियों के आनंदोत्सव में उसने योग न दिया, खिले हुए फूलों को देख वह न खिला, यदि सुंदर रूप सामने पाकर अपनी भीतरी कुरूपता का उसने विसर्जन न किया, यदि दीन-दुखी का आर्त्तनाद सुन वह न पसीजा, यदि अनाथों और अबलाओं पर अत्याचार होते क्रोध से न तिलमिलाया, यदि बेढब और विनोदपूर्ण दृश्य या उक्ति पर न हँसा, तो उसके जीवन में रह क्या गया ? इस विश्व-काव्य की रसधारा में जो थोड़ी देर के लिए निमग्न न हुआ उसके जीवन को मरुस्थल की यात्रा ही समझना चाहिए।'' इसी निबंध में शुक्ल जी आगे लिखते हैं, ''काव्य का अनुशीलन करने वाले मात्र जानते हैं कि काव्य-दृष्टि सजीव सृष्टि तक ही बद्ध नहीं रहती। वह प्रकृति के उस भाव की ओर भी जाती है जो निर्जीव या जड़ कहलाता है। भूमि, पर्वत, चट्टान, नाले, टीले, मैदान, समुद्र, आकाश, मेघ, नक्षत्र इत्यादि की रूप-गति आदि से भी हम सौंदर्य, माधुर्य, भीषणता, भव्यता, विचित्रता, उदासी, उदारता, सम्पन्नता इत्यादि की भावना प्राप्त करते हैं। कड़कड़ाती धूप के पीछे उमड़ती हुई घटा की श्यामल स्निग्धता और शीतलता का अनुभव मनुष्य क्या पशु-पक्षी, पेड़-पौधे तक करते हैं। अपने इधर-उधर हरी-भरी लहलहाती प्रफुल्लता का विधान करती हुई नदी की अविराम जीवन-धारा में हम द्रवीभूत औदार्य का दर्शन करते हैं। पर्वत की ऊँची चोटियों में विशालता और भव्यता का; वात-विलोड़ित जल-प्रसार में क्षोभ और आकुलता का; विकीर्ण घन-खंड-मंडित-रश्मि-रंजित, सांध्य-दिगंचल में चमत्कारपूर्ण सौंदर्य का; ताप से तिलमिलाती धरा पर धूल झोंकते हुए अन्धड़ के प्रचण्ड झोंकों में उग्रता और उच्छृंखलता का, बिजली की कँपाने वाली कड़क और ज्वालामुखी के ज्वलंत स्फोट में भीषणता का आभास मिलता है। ये सब विश्वरूपी महाकाव्य की भावनाएँ या कल्पनाएँ हैं। स्वार्थ-भूमि से परे पहुँचे हुए सच्चे अनुभूतियोगी या कवि इसके द्रष्टा-मात्र होते हैं।''

ऊपर आचार्य शुक्ल का लंबा उद्धरण अपनी इस बात को पुष्ट करने के लिए दिया गया है कि कविता या काव्य-रचना में जो अनिवार्य स्थिति कवि की है, वही उस अनंत रूपात्मक जगत की जिसके बीच वह रहता और लिखता है। काव्य-विचारकों ने जिस प्रकार कवि को केंद्र में रखकर कविता पर विचार किये हैं, उसी प्रकार वाह्य जगत को भी केंद्र में रखकर विचार किये गये हैं।

यूनानी दार्शनिक प्लेटो अपने गुरु सुकरात के हवाले से 'गणतंत्र' में कहते

हैं कि कला अनुकरण है। इसे स्पष्ट करते हुए वे एक दर्पण का उदाहरण देते हैं—"एक दर्पण लेकर उसे चतुर्दिक घुमाते जाओ। इस प्रकार तुरंत ही तुम सूर्य, तारागण एवम् पृथ्वी का, स्वयं अपना, अन्य प्राणियों का, लता-द्रुमों तथा उन सभी वस्तुओं का निर्माण कर सकते हो।" तात्पर्य यह कि प्लेटो काव्य का संबंध उस व्यक्त जगत से जोड़ते हैं जिसका वह अनुकरण होता है तथा कवि को प्रतिबिंब पेश करने वाला अनुकरणकर्ता मानते हैं। लेकिन प्लेटो के अनुसार दृश्यमान वस्तु-जगत स्वयं प्रत्यय या परम सत्य का अनुकरण है। प्रत्येक वस्तु का एक नित्य रूप होता है जो प्रत्यय या विचार में रहता है। यह रूप ईश्वर-निर्मित होता है। इसी के आधार पर किसी वस्तु का निर्माण होता है। इस संदर्भ में प्लेटो पलंग का उदाहरण देते हैं। एक पलंग वह है जिसका रूप प्रत्यय में है और जो ईश्वर द्वारा निर्मित है। दूसरा पलंग वह है जिसे इस प्रत्यय के आधार पर बढ़ई ने बनाया है। तीसरा पलंग वह है जिसका निर्माण कलाकार करता है। इस तीसरे पलंग का निर्माण दृश्यमान पलंग के आधार पर होता है। इस प्रकार कला नकल की नकल है और वह सत्य से तिगुनी दूर [Thrice removed] होती है।[1]

प्लेटो के शिष्य प्रसिद्ध विचारक अरस्तू के अनुसार कविता की उत्पत्ति दो कारणों से हुई प्रतीत होती है। ये दोनों कारण हमारे स्वभाव में विद्यमान हैं। पहला कारण है अनुकरण की सहज प्रवृत्ति जो मनुष्य में बचपन से ही रहती है। दूसरी प्रवृत्ति है सामंजस्य [Harmony] और लय [Rythm] की। छंद भी 'लय' में सन्निहित है। जो लोग सामंजस्य और लय की सहज शक्ति से सम्पन्न थे उन्होंने धीरे-धीरे उसे विकसित किया और बाद में उनकी अनगढ़ रचनाओं से ही कविता का जन्म हुआ। अरस्तू के अनुसार कला प्रकृति का अनुकरण है। लेकिन अरस्तू द्वारा प्रयुक्त 'अनुकरण' शब्द प्लेटो द्वारा प्रयुक्त 'अनुकरण' शब्द से भिन्न अर्थ देता है। प्लेटो की दृष्टि में अनुकरण 'नकल' है और यह निम्नकोटि का व्यापार है। जबकि अरस्तू की दृष्टि में अनुकरण का अर्थ कोरा अनुकरण या नकल नहीं है। वह एक सर्जनात्मक व्यापार है। अरस्तू के अनुसार "कलाकृति मूल वस्तु को पुनरुत्पादित तो करती है लेकिन उस रूप में नहीं जो उसका स्वरूप है बल्कि उस रूप में जैसी वह इंद्रियों में प्रतिभासित होती है।"[2] प्लेटो के अनुसार सादृश्य अनुकरण का अनुकरण होने से अयथार्थ अथवा असत्य है जबकि अरस्तू के अनुसार सादृश्य वस्तु-जगत का इंद्रिय-ग्राह्य मानसिक बिंब होने से यथार्थ और सत्य है। अरस्तू का कहना है कि कला वस्तुओं की यथार्थ सत्ता को व्यक्त नहीं करती, उनकी केवल ऐंद्रिय प्रतीति को व्यक्त करती है। इसलिये उसे असत्य कहना गलत है। प्लेटो प्रत्यय

1. दे., पाश्चात्य काव्यशास्त्र : देवेन्द्रनाथ शर्मा।
2. पाश्चात्य काव्यशास्त्र की परंपरा : सं. सावित्री सिन्हा

जगत को सत्य मानते थे और वस्तु-जगत को उसका अनुकरण जबकि अरस्तू के लिए वस्तु-जगत भी उतना ही सत्य है। प्लेटो कवि को अनुकरणकर्ता मानते थे जबकि अरस्तू उसे कर्ता मानते हैं।[1]

अरस्तू के काव्यशास्त्र संबंधी विचारों की दुनिया भर की भाषाओं में बहुत व्याख्याएँ हुईं और यूरोप में उनकी मान्यताएँ दार्शनिकों, आलोचकों और सौंदर्यशास्त्रियों के बीच लंबे समय तक बहसों के केंद्र में रहीं। बल्कि कहा जा सकता है कि आज भी यूरोप और अमेरिका के कई आलोचना-संप्रदायों के मूल में अरस्तू की ही मान्यताएँ बीज रूप में हैं। मुझे यहाँ इस विस्तार में नहीं जाना है। इस प्रसंग में मैं अरस्तू की केवल 'अनुकरण' वाली मान्यता पर अलग से कुछ कहना चाहूँगा।

---

1. दे., पाश्चात्य काव्यशास्त्र : देवेन्द्रनाथ शर्मा : पृ. 45।

अपारे काव्य-संसारे

कविता एक 'रचना' या 'सृजन' है। आर. जी. कलिंगवुड ने अपनी प्रसिद्ध पुस्तक 'कला के सिद्धांत' में 'रचना' और 'बनाना' शब्दों का सूक्ष्म अंतर स्पष्ट किया है। उनके अनुसार ''किसी वस्तु की रचना करने का अर्थ है उसे अतकनीकी ढंग से, किंतु फिर भी जान-बूझकर और स्वेच्छा से बनाना।'' यहाँ मैं 'रचना' शब्द की एक दूसरी विशेषता पर जोर दे रहा हूँ। 'रचना' या 'सृजन' शब्द का प्रयोग हम तभी करते हैं जब कोई नयी और भिन्न चीज जन्म लेती दिखाई देती हो। कारखाने में यदि कोई मशीन एक प्रकार की घड़ियाँ या साबुन या ऐसी ही अन्य प्रकार की चीजें बना रही हो जिनके स्वरूप, गुण आदि में कोई अंतर न हो तो हम उन्हें 'रचना' नहीं कहेंगे। 'रचना' के लिए 'नया' और 'भिन्न' होना शायद अनिवार्य शर्त है। जो लोग रचनाकार की मनःस्थिति से अवगत हैं, उन्हें मालूम है कि रचनाकार अपनी रचना को काफी काटता-छाँटता और तराशता है। कभी कोई शब्द बदलता है, कभी कोई पंक्ति और अंततः वह उसे पूर्ण तब मानता है जब अपनी ही रचना पर रीझ कर महसूस करने लगता है कि उसने इसे रचा है। अर्थात् यह उसी की चीज है किसी अन्य की नहीं। कवि जब कुछ नया रचता है तभी उसकी सर्जनात्मकता सिद्ध होती है। यह नयापन कथ्य और भाषा दोनों में एक साथ लक्षित होता है। बहुत बार दुहराये गये शब्द, वाक्य या मुहावरे प्रत्यक्षानुभूति नहीं कराते। पिटी-पिटाई भाषा के प्रति हमारी प्रतिक्रिया नहीं होती या बहुत ठंडी होती हैं। पर वही भाषा अपने नये रूप में तत्काल आकर्षित करती है। रूपवादी आलोचक इस नवीनता और विलक्षणता को 'रचना' के लिए जरूरी मानते हैं।

कोई भी कविता या साहित्यिक रचना एक असली प्राकृतिक सृष्टि के भीतर ही होती है। असली संसार का अर्थ वही है जिसे आचार्य शुक्ल ने 'अनंत रूपात्मक जगत' या 'शेष सृष्टि' या 'गोचर जगत' कहा है। इसी के बीच हम हँसते-बोलते, खाते-पीते और जीते-मरते हैं। काव्य-संसार का मतलब उस संसार से है जिसे कवि

असली संसार के बीच उसी के समानांतर भाषा में रचता है। अपनी उद्भावना शक्ति, कल्पना-शक्ति, अपनी दृष्टि और अपने कौशल द्वारा। कवि द्वारा भाषा में रचा गया यह संसार अनुकृति नहीं है जैसा कि प्लेटो ने उसे समझने में भूल की थी। यह कृति है। प्रतित्त्छवि नहीं छवि है। प्रतिबिंब नहीं बिंब है। यह कथन कि 'साहित्य समाज का दर्पण है' या 'साहित्य जीवन का प्रतिबिंब है' एक अधूरा कथन है। दर्पण में तो चीजें जैसी हैं हू-ब-हू वैसी ही दिखाई पड़ेंगी। प्रतिबिंब भी हू-ब-हू वैसा ही होगा जैसा बिंब। पर कवि यदि हू-ब-हू कोई अनुकृति पेश करता है तो वह 'रचना', 'सृजन' या 'कृति' किस अर्थ में है ? तात्पर्य यह कि काव्य-संसार क्योंकि सर्जनात्मक कृति है इसलिए वह ठीक-ठीक असली संसार नहीं होता बल्कि उससे थोड़ा भिन्न होता है। हजारीप्रसाद द्विवेदी के 'पुनर्नवा' उपन्यास का चंद्रमौलि कहता है—"सीमा मनुष्य को विधाता का दिया हुआ अनुपम साधन है। मैं अगर एक फूल बनाऊँ, चाहे वह चित्र हो, लकड़ी का हो, पत्थर का हो—सीमा के चौखटे में बँधा हुआ होगा। पर उसकी शोभा इसीलिए दीर्घजीवी हो जायेगी। विधाता के बनाये फूल क्षण-क्षण परिवर्तित होंगे, मुरझायेंगे, झड़ेंगे फिर नये फूल बनने में निमित्त बनेंगे पर मेरा बनाया फूल अपेक्षाकृत स्थायी होगा। होगा न आर्य ? यह सीमा की महिमा है।" कविता में जो 'फूल' है वह कवि से होकर आयेगा और उस पर कवि के स्पर्श की छाप होगी। वह छाप ही सृजन है। कविता कवि की भट्ठी से ढलकर निकलती है इसीलिए उस पर भट्ठी की मुहर होती है। कविता उस कच्चे माल का रूपांतर है जो कवि की भट्ठी में होता है। कवि असली संसार को कुछ तराशता है, कुछ छाँटता है, कुछ जोड़ता है। चीजों को एक अपना क्रम और संदर्भ देता है। उन्हें एक ऐसा स्वतंत्र रूप देता है जिसे उसका अपना संसार कहा जा सकता है। किसी लेखक ने कहा है—'ए मैन डज नाट नो हिमसेल्फ, ही मस्ट बी डिस्कवर्ड बाई द राईटर'। तात्पर्य यह कि लेखक मनुष्य के अंतर्जगत की खोज करता है। रचनाकार की सबसे बड़ी विशेषता उसकी संवेदनशीलता, ग्रहणशीलता और सर्जनशीलता होती है। वह जीवन की छोटी से छोटी या पुरानी से पुरानी चीज को अपनी इस सामर्थ्य से नयी, विलक्षण, वास्तविक, जीवंत, प्रासंगिक और महत्त्वपूर्ण बना देता है। संस्कृत काव्यशास्त्र में आचार्यों ने इसी को 'काव्य-संसार' कहा है और कवि को उसका 'प्रजापति'।

यह स्वीकृत तथ्य है कि कविता का परिवेश से बड़ा गहरा रिश्ता होता है। परिवेश एक व्यापक शब्द है। इसमें वह सब कुछ आ जाता है जो कवि को चारों ओर से घेरे हुए है—प्रकृति-जगत, समाज, मानव और मानवेतर, चर-अचर, संपूर्ण सृष्टि। कवि का सरोकार इन सबसे होता है। उसका अनुभव-संसार इन सबको मिलाकर बनता है। लेकिन उसका परिवेश कविता में सीधे, सरल रूप में नहीं बल्कि मिले-जुले और जटिल रूप में हमारे सामने आता है। कविता क्योंकि रचना है, अतः

उसका परिवेश भी कवि निर्मित करता है। वह अपने वास्तविक परिवेश को अपनी कल्पना और दृष्टि के अनुसार बदल देता है। कवि यदि ऐसा न करे तो उसकी कविता परिवेश का चित्रण मात्र, एक यथातथ्य बयान मात्र होकर रह जायेगी। ऐसी हालत में वह कविता ही नहीं होगी। कवि 'वास्तव' का हू-ब-हू चित्र नहीं पेश करता है, बल्कि 'वास्तव' को एक नये कोण से देखने की दृष्टि देता है। उसे देखने की अधिक सूक्ष्म और गहरी दृष्टि। वह वस्तुजगत को कला में बदलता है। वास्तविक संसार को रचना में। अपने चारों ओर के संसार को जब वह शब्द देने लगता है तो एक पुनर्रचना करता है। रचना मात्र तात्कालिक प्रतिक्रिया नहीं होती, क्रिया होती है। बकौल सार्त्र एक आदमी पीड़ा में चीखता है और दूसरा पीड़ा में गाता है। यह जो पीड़ा में गाता है, वही रचनाकार है। इसीलिए रचना एक सृजन है—कोई अदालती बयान या अखबारी विवरण नहीं।

कवि और परिवेश, दोनों अपनी-अपनी जगह समान रूप से सच हैं और महत्त्वपूर्ण। परिवेश का अनुभव ही कविता बनता है लेकिन वह अनुभव होता तो कवि के ही माध्यम से है। कविता परिवेश की उस प्रकार की उपज नहीं होती जैसे गन्ने से चीनी बनती है। इसमें कवि की सर्जनात्मक भूमिका सक्रिय होती है। उसमें कवि के मनोजगत की बुनावट, उसके संस्कार, उसकी कल्पना-शक्ति और उसकी दृष्टि का बहुत योग होता है। अगर ऐसा नहीं होता तो एक परिवेश में रहने वाले रचनाकारों की रचनाएँ भी एक जैसी होतीं। लेकिन हम पाते हैं कि एक ही समय में और एक ही शहर में रहने वाले रचनाकारों की रचनाओं में न केवल अंतर होता है बल्कि प्रायः विरोध भी होता है। प्रेमचंद और जयशंकर प्रसाद की तुलना इस प्रसंग में की जा सकती है। कवि अपने संस्कार और मनोजगत के अनुकूल परिवेश में से अपनी प्रवृत्ति की चीजें पकड़ लेता है। इसलिए परिवेश से कम महत्त्वपूर्ण कवि का निजी मनःलोक नहीं होता। जो लोग यह मानते हैं कि रचना परिवेश की उपज होती है उनका यह मानना आधा ही सच है, पूरा नहीं। 'देखना', 'भोगना', 'अनुभव करना' और 'रचना'—अलग-अलग स्थितियाँ हैं। जो देखता, भोगता और अनुभव करता है, जरूरी नहीं कि रचना भी करे। रचना और यथार्थ के संदर्भ में यह ध्यान रखना होगा कि यथार्थ एक दृष्टि है जो रचनाकार में होती है, इसीलिए रचना का यथार्थ वह है जो रचनाकार उसे देता है। रचनाकार वाह्य यथार्थ और परिवेश को अपनी सृजन-प्रक्रिया में स्वायत्त करके व्यक्त करता है। वह अपने निजी अनुभव को सार्वजनिक बनाता है—अपने सीमित अनुभव को व्यापक बनाता है। यदि कवि में अपने परिवेश की सही समझ है और साथ ही परिवेश को अपने भीतर जज्ब करने की संवेदनशीलता है, सहृदयता है—और रचने का कौशल भी है तभी वह श्रेष्ठ कविता को जन्म दे पाता है। यथार्थ का अर्थ है असली संसार को एक ऐसी दृष्टि से देखना जो अधिक सच्ची और स्वाभाविक हो। असली संसार को इस

प्रकार देखने की कोशिश जो उसकी पहचान को अधिक प्रासंगिक और गहरा करे, यथार्थ है।

कविता या रचना मूलतः व्यक्तिपरक होती है। अर्थात् उस पर कवि या रचनाकार की छाप ज्यादा गहरी होती है। यह एक विचित्र सत्य है कि रचनाकार जब लिखने बैठता है तो उसकी रचना असली संसार के अधिकाधिक निकट भागती है और रचनाकार उसे अधिक से अधिक अपने निकट खींचना चाहता है। रचना असली संसार के जितने निकट पहुँच जाती है, उतनी ही वह यथार्थ होती है और रचनाकार के जितने निकट आ जाती है, उतनी ही नयी। एक नयी और यथार्थ रचना के लिए इन दोनों का तालमेल आवश्यक है। यह समझना कि रचना अनिवार्यतः तभी अच्छी होगी जब वह अधिक 'वास्तव' के निकट हो, शत-प्रतिशत सही नहीं है। यह देखा जाता है कि कभी-कभी तथ्यात्मक कृति सत्य से दूर हो जाती है और अयथार्थ या काल्पनिक प्रतीत होने वाली रचना वास्तविकता का अधिक प्रामाणिक उद्घाटन करने में समर्थ साबित होती है। जर्मन नाटककार ब्रेष्ट की शैली अयथार्थवादी है फिर भी उसकी रचना निर्मम सच्चाइयों का बयान करती है। इसी प्रकार हिंदी कवि मुक्तिबोध फैंटेसी की दुनिया में भागते नजर आते हैं पर उनकी फंतासी भयावह वास्तविकताओं की दुनिया में ले जाती है। इस संदर्भ में प्रेमचंद की दो अत्यंत प्रसिद्ध कहानियों—'कफन' और 'पूस की रात'—को याद किया जा सकता है। ये दोनों कहानियाँ आलोचकों द्वारा यथार्थवादी कहानियों के रूप में स्वीकृत हैं। 'कफन' कहानी में घीसू और माधव कफन के लिए चंदे से इकट्ठे पैसों का कफन नहीं खरीदते। उसे पूड़ी खाने और शराब पीने में खर्च करते हैं। जबकि उनकी पत्नी और पुत्रवधू की लाश उनके घर में पड़ी है। ऐसे चरित्र वास्तविक जीवन में मुश्किल से देखने को मिलेंगे। इसी प्रकार 'पूस की रात' कहानी के हलकू जैसा पात्र भी कठिनाई से मिलेगा जो जानवरों द्वारा अपनी एकमात्र खेती चर जाने के बाद इसलिए प्रसन्न होता है कि उसे जाड़े में खेत की रखवाली नहीं करनी पड़ेगी। फिर भी ये दोनों कहानियाँ अत्यंत यथार्थवादी कहानियाँ हैं क्योंकि ये ऐसी सच्चाइयों को सामने लाती हैं जो अविश्वसनीयता की हद तक भयानक हैं। ब्रेष्ट ने कहा है कि जो हँसते हैं उन्हें 'भयानक खबर' बताई नहीं गयी है। मुक्तिबोध की कविताएँ इसी भयानक खबर की कविताएँ हैं। भयानक खबरों के लिए ही मुक्तिबोध फैंटेसियाँ गढ़ते हैं। कहा जाता है कि सत्य कल्पना से अधिक विचित्र होता है—'ट्रूथ इज स्ट्रेंजर देन फिक्शन'। इसी बात को एक दूसरे अंदाज में यूजीन आयोनेस्को ने ऐसे कहा है कि सत्य की जड़ें कल्पना में होती हैं। रचना के सत्य और विज्ञान के सत्य तथा रचना के सत्य और इतिहास के सत्य में फर्क होता है। विज्ञान का सत्य निश्चित और हर स्थिति में अपरिवर्तित होता है। वह नंगा और निर्गुण होता है। जबकि रचना सत्य की सगुण और संवेदनात्मक अभिव्यक्ति है। इतिहास और साहित्यिक रचना

के सच के बारे में किसी ने कहा है कि इतिहास में तिथियों और घटनाओं के अलावा बाकी सब झूठ होता है जबकि साहित्यिक रचना में तिथियों और घटनाओं के अलावा बाकी सब सच होता है। प्रेमचंद ने जिस समय में अपने उपन्यास लिखे उस समय के उत्तर भारत की जनता का वास्तविक इतिहास उनके उपन्यासों में है जो संभव है इतिहास ग्रंथों से ज्यादा प्रामाणिक और सच हो। यह सही है कि सच्चा साहित्य वास्तविकता का साहित्य होता है पर साहित्य की यह वास्तविकता अंततः होती है काल्पनिक ही। रचना की सीमा में आते ही उस पर कल्पना का आवरण चढ़ जाता है। वर्ण्य-विषय रचनाकार के मानस में आते ही अपनी सत्ता बहुत कुछ खो देता है। सर्जन के दौरान उस पर नया रंग चढ़ जाता है। वास्तविकता की विविध छायाएँ (शेड्स) होती हैं। किसी 'सच्ची घटना', उस घटना की 'रिपोर्टिंग' और उस पर लिखी गई 'रचना'–तीनों की वास्तविकताओं में अंतर है। रचनाकार सत्य को व्यक्त करता है पर ऐसा करने के लिए वह असत्य का आयोजन करता है। महाभारत की कथा में सैकड़ों झूठ हैं, सैकड़ों अविश्वसनीय कल्पनाएँ हैं। किसी एक स्त्री (गांधारी) के सौ पुत्रों की कल्पना क्या विश्वास योग्य है ? यही हाल रामायण का है। सोने के मृग का होना ही असम्भव है फिर भी राम उस पर लोभित होते हैं–'असंभवम् हेम मृगस्य जन्मः तथापि रामो लुलुभे मृगाय'। रामायण और महाभारत दोनों का बिस्मिल्लाह ही अविश्वसनीय है फिर भी ये दोनों अद्‌भुत महत्त्व के महान काव्य हैं। कॉलरिज ने इसी प्रसंग में 'अविश्वास के स्थगन' [Suspension of disbelief] की चर्चा की है। उनका कहना है कि उपन्यास को पढ़ते या नाटक देखते हुए पाठक या प्रेक्षक के अविश्वास का स्थगन हो जाता है और वह कल्पना को यथार्थ तथा मिथ्या को भी सच मान लेता है। कॉलरिज के अनुसार यह काव्य का सत्य है। भारतीय काव्यशास्त्र में 'साधारणीकरण' के प्रसंग में इस प्रक्रिया का विस्तृत विवेचन मिलता है। कविता के पास हम कविता के सच को पाने की गरज से जाते हैं। अपने कारण-कार्य श्रृंखला के सच को, अपने गणित के सच को, इतिहास और विज्ञान के सच को छोड़कर उससे किसी बड़े सच को पाने की आशा से जाते हैं। रिचर्ड्स ने बार-बार कहा है कि कविता के संसार में तर्क का प्रवेश नहीं है। कविता रूपक और लय के द्वारा तर्क को छिन्न-भिन्न कर देती है। क्लींथ ब्रुक्स और रैन्सम आदि अनेक आलोचकों ने कविता और विज्ञान का अंतर करते हुए भाषा के काव्यात्मक और वैज्ञानिक प्रयोगों को अलग-अलग किया है। विज्ञान तर्कसम्मत अर्थ को स्वीकार करता है। वह विरोधाभास की भाषा का इस्तेमाल नहीं कर सकता जबकि ब्रुक्स के अनुसार कविता की भाषा विरोधाभास की भाषा होती है।

काव्य के मूल में कवि-कल्पना है जिसे संस्कृत के आलंकारिकों ने 'कवि व्यापार', 'कवि-कर्म' या 'कवि-कौशल' कहा है। पश्चिमी काव्य-शास्त्रियों ने

'कल्पना' की विशद मीमांसा की है तथा 'इमेजिनेशन' [Imagination] और 'फैंसी' [Fancy] शब्दों पर काफी विचार किया है। कॉलरिज ने 'बायोग्रेफिया लिटरेरिया' में सूत्र-रूप में इस पर बहुत गंभीर विचार किया है और दोनों का अंतर बताते हुए कल्पना के स्वरूप पर प्रकाश डाला है। यहाँ मैं उस विस्तार में नहीं जाना चाहता। संक्षेप में भीतर या बाहर की किसी वस्तु को एक विशेष भावदृष्टि की सहायता से नवीन रूप में प्रस्तुत करने का कवि-कौशल ही कल्पना है। इस कल्पना के द्वारा ही कवि सत्य का संधान करता है। कवि का यह सत्य विज्ञान या इतिहास का तथ्य नहीं होता। वह वास्तव (रीयल) और तथ्य की दुनिया की पुनर्सृष्टि करता है। अपनी काव्य-शक्ति के द्वारा वह जगत के प्रत्यंक्ष गोचर रूप को एक नया संस्कार देता है। वह 'वास्तव' का विरोधी नहीं बल्कि उसे अधिक वास्तव [more real] बनाने के लिए अपनी कल्पना-शक्ति के द्वारा उसका भेदन करता है। कीट्स ने तो यहाँ तक कह दिया कि—What the imagination seizes as beauty must be truth, whether it existed before or not—अर्थात् कल्पना जिसे सुंदर समझती है, वह सत्य होने को बाध्य है—चाहे उसकी सत्ता पहले रही हो या नहीं। यहाँ कीट्स नें वास्तव-अवास्तव के द्वंद्व को ही अस्वीकार कर दिया है। इस प्रसंग में एक बात स्पष्ट रहनी चाहिए कि 'कल्पना' प्रत्यक्ष अनुभव से बिल्कुल अछूती नहीं हो सकती। जिस प्रकार हम सृष्टि में नया पदार्थ नहीं पैदा कर सकते उसी प्रकार ऐसी कल्पना भी नहीं कर सकते जिसका किसी न किसी रूप में अस्तित्व न हो या जिसका किसी न किसी रूप में प्रत्यक्षीकरण न किया गया हो। ऊपर से देखने पर ऐसा प्रतीत होता है कि कवि जिंदगी और सत्य से पलायन करता है पर असल में वह पलायन नहीं करता बल्कि अधिक सार्थक ढंग से उसे पकड़ता है। वह मौन जिंदगी को मुखर कर उसकी नश्वरता को खत्म कर देता है। जो भी मिला है उसे जिंदगी से, वह लौटा देता है। हम फिर एक बार अपनी जिंदगी में लौट आते हैं और सही-सही पहचानने लगते हैं उन सड़कों और रक्त के धब्बों को जिनसे हमारे पैरों का अविच्छिन्न संबंध रहा है। उर्दू कवि फिराक के शब्दों में, 'शायरी हमारी इंसानियत वापस कर देती है। जिससे हम जमीन को अपना सकें, उससे लिपट सकें।''[1] हम उसे अधिक सच्चे और वास्तविक रूप में देख-पहचान सकें। उसके मूल्य और शक्ति का एहसास कर सकें। उसकी गरिमा और संभावना के प्रति सचेत हो सकें।

इस प्रसंग में यह बात भी स्पष्ट रहनी चाहिए कि जब भी हम किसी कृति के यथार्थ की परख करते हैं तो जो भी कसौटी हमारे मन में होती है, वह इस

1. दिनमान, 6 दिसम्बर, 1970 (ज्ञानपीठ पुरस्कार प्राप्त करने के अवसर पर दिये गये भाषण से)।

प्रत्यक्ष संसार की ही होती है—अनंत रूपात्मक गोचर जगत की। कवि की संवेदना, और बोध आदि का जब इससे साक्षात्कार होता है तभी कविता जन्म लेती है। कविता में वाह्य जगत क्रा आंतरिकीकरण होता है। कवि अपनी आंतरिक प्रवृत्तियों के अनुसार वाह्य जगत की पुनः सृष्टि करता है। इस प्रकार काव्य-संसार की स्वायत्तता अंत में पहुँचकर एकदम निरपेक्ष नहीं रह जाती। हिंदी कवि मुक्तिबोध के शब्दों में, "कला का अपना स्वायत्त स्वतंत्र राज्य है किंतु उसकी यह स्वायत्तता और स्वतंत्रता सापेक्ष है। वह अपने अस्तित्व के ही लिए, अपने जीवन तत्त्वों के लिए, प्राण-वैभव के लिए, कला-वाह्य यह जो अपार विस्तृत जीवन है, उस पर निर्भर है।"[1]

1. मुक्तिबोध : नयी कविता का आत्मसंघर्ष तथा अन्य निबंध, पृ. 151।

परम अभिव्यक्ति अनिवार

'कविता क्या है'—इस प्रश्न पर विचार करते हुए (जैसा कि रेनेवेलेक और आस्टिन वारेन ने 'थियरी ऑफ लिटरेचर' में विस्तार से विचार किया है) हम यह मानकर चलते हैं कि कुछ है जो 'कविता है' और जिसे हम ढूँढ़ सकते हैं या जिस पर विचार कर सकते हैं। उदाहरण के लिए यदि हम किसी मूर्ति या चित्र पर विचार करते हैं तो उसका अस्तित्व हमारे सामने प्रत्यक्ष और दृश्य होता है। इस रूप में कविता हमारे सामने कागज पर लिपिबद्ध या मुद्रित पृष्ठ होती है। तो क्या कविता का यह दृश्य रूप ही वास्तविक कविता है ? नहीं। यह कविता को लिपिबद्ध करने का एक प्रयत्न या तरीका मात्र है। मुद्रण का आविष्कार बहुत बाद में हुआ है। उसके पूर्व मौखिक कविता की एक प्राचीन और समृद्ध परंपरा मिलती है। छपी हुई कविता में हम पाठ-संशोधन भी करते हैं। जाहिर है कि मुद्रित कविता को हम अंतिम रूप से प्रामाणिक नहीं मानते। अगर मुद्रित कविता ही वास्तविक कविता होती तो छपे हुए पन्ने के नष्ट होने के बाद वह कविता भी नष्ट हो जाती। लेकिन ऐसा नहीं होता। जबकि किसी मूर्ति या चित्र को यदि हम नष्ट कर दें तो वह पूरी तरह नष्ट हो जाता है। कविता अपने मुद्रित रूप के नष्ट होने के बाद भी मौखिक परंपरा में या किसी की स्मृति में सुरक्षित रह सकती है।

अगर कविता का मुद्रित रूप वास्तविक कविता नहीं है तो क्या कविता का उच्चरित रूप या उसका पाठ वास्तविक कविता है ? नहीं। कविता का पाठ केवल पाठ होता है, कविता नहीं होता। व्यक्तियों और परिस्थितियों के अंतर से एक ही कविता के अनेक पाठ हो सकते हैं। फिर किस पाठ को कविता माना जायेगा ? जिस प्रकार बहुत-सी मौखिक कविताएँ मुद्रित नहीं हो पातीं, उसी प्रकार बहुत-सी मुद्रित कविताएँ उच्चरित नहीं हो पातीं। तो क्या जो उच्चरित नहीं हो पाती वह कविता नहीं ? वस्तुतः कविता ध्वनियों का समूह या क्रम मात्र नहीं होती। जैसे कविता और मूर्तिकला या कविता और चित्रकला में अंतर होता है, वैसे ही कविता

और संगीत में भी अंतर होता है, कविता की संगीतात्मकता और संगीत की 'मेलोडी' में बहुत अंतर होता है। कविता के लिए संगीत अनिवार्य नहीं है जैसे संगीत के लिए शब्द अनिवार्य नहीं हैं।

अगर कविता का मुद्रित रूप या उसका पाठ वास्तविक कविता नहीं है तो फिर कविता क्या है ? इसका एक उत्तर यह दिया जाता है कि कविता पाठक का वह अनुभव है जो उसे कविता को पढ़ते या सुनते हुए होता है। लेकिन यह उत्तर भी पूरी तरह सच नहीं है। किसी कविता के पाठक या श्रोता का अपना निजी संस्कार, अपना अलग मानसिक परिवेश, अपने अनुभव का अलग स्तर होता है। इतना ही नहीं उस पाठक का मानसिक परिवेश और अनुभव-स्तर समय के अनुसार परिवर्तित भी होता रहता है। वह यदि एक ही कविता को कई बार पढ़ता है और यदि कुछ समय का अंतराल देकर पढ़ता है तो उसके काव्यानुभव में अंतर हो जायेगा। कविता को पाठक का अनुभव मान लेने पर वह नितांत व्यक्तिगत चीज होकर रह जायेगी और वह एक रचना या कृति न होकर अनेक रचनाओं या कृतियों के रूप में बदल जायेगी। एक ही कविता को जितने पाठक पढ़ेंगे उसके उतने रूप होंगे। फिर तो एक कलाकृति के रूप में उसका अध्ययन ही असम्भव हो जायेगा।

अगर कविता पाठक की अनुभूति नहीं है तो फिर एक उत्तर यह दिया जाता है कि वह कवि की अनुभूति है। जाहिर है कवि की अनुभूति का अर्थ रचना के क्षणों की उसकी अनुभूति से होता है। बाद में तो वह भी अपनी ही रचना का एक पाठक हो जाता है और अपनी ही रचना को समझने में उसी प्रकार की भूलें करता है जैसे दूसरे पाठक करते हैं। इतना ही नहीं, बहुत से ऐसे कवि मिलेंगे जो अपनी ही कविता का अर्थ नहीं बता पाते। इसका मतलब यही है कि कवि या रचनाकार के रचना-क्षणों की अनुभूति कुछ अलग होती है। उस क्षण में मन के चेतन और अचेतन—दोनों स्तर सक्रिय होते हैं। कवि अपने चेतन मन या अपने अभिप्रायों को तो स्पष्ट कर देता है पर उसके अतिरिक्त भी कविता के शब्दों में जो आशय निहित होते हैं और जो उसके अस्तित्व की गहराइयों से छनकर आये हुए संकेत होते हैं, उनके बारे में वह सहसा कुछ बता पाने में असमर्थ हो जाता है। हम कवि के सचेत अभिप्रायों को ही मानकर चलें तो भी क्या कविता में ठीक-ठीक वही व्यक्त होता है जो कवि व्यक्त करना चाहता है ? और क्या उतना ही व्यक्त होता है जितना कवि व्यक्त करना चाहता है ? वास्तविकता यह है कि कवि की अनुभूति और उसकी अभिव्यंजना में अंतर हो जाता है। कवि जिस प्रयोजन को लेकर लिखना शुरू करता है, सृजन-प्रक्रिया से गुजरने के बाद उसकी रूप-प्रकृति बदल जाती है और कभी-कभी तो इतनी बदल जाती है कि उसमें वह प्रयोजन ही नहीं रह जाता। यदि किसी कविता के बारे में कोई कवि अपने अभिप्राय

बताता है और वह कविता उससे कुछ कम या उससे कुछ अधिक कहती है तो प्रमाण किसे मानेंगे ? कवि को या कविता को ? इस बात को तो कवि भी स्वीकार करेगा कि प्रमाण कविता ही होगी, कवि नहीं। कविता ही कवि का परम वक्तव्य है। अगर हम कविता को कवि से अलग न मानकर उसे 'कवि की अनुभूति' मानेंगे तो हमें यह भी मानना होगा कि कविता पढ़ते समय पाठक को ठीक-ठीक वही अनुभव होता है जो उसकी रचना करते समय कवि को हुआ था। टी. एस. इलिएट के अनुसार, काव्य का अर्थ उसके लेखक के सचेत प्रयोजन से अधिक व्यापक भी हो सकता है और उसके मूल स्रोत से दूर भी हो सकता है।[1] विभिन्न पाठकों के लिए एक ही कविता का अलग-अलग अर्थ हो सकता है। वह उस अर्थ से भिन्न भी हो सकता है जो कवि के मन में था और भिन्न होते हुए भी वह संगत हो सकता है तथा कवि के अर्थ से बेहतर भी हो सकता है।[2]

इस प्रसंग में आई. ए. रिचर्ड्स का उल्लेख प्रासंगिक होगा। रिचर्ड्स कविता की परिभाषा करते हुए केवल 'अनुभूति' को कविता मानते हैं और 'अनुभूति' शब्द से वे जो अर्थ लेते हैं वह है—"कलाकार की अनुभूति का वह अंश जो प्रासंगिक हो, अथवा ऐसे योग्य पाठक की अनुभूति जिसने कोई भूल न की हो, अथवा एक आदर्श और पूर्ण पाठक की संभावित अनुभूति अथवा हमारी अपनी वास्तविक अनुभूति।"[3] तात्पर्य यह कि रिचर्ड्स कलाकार और पाठक की अनुभूति को कविता मानते हैं। इन दोनों की अनुभूतियों को कविता मानने में जो कठिनाइयाँ पैदा होती हैं, उनका संक्षेप में उल्लेख ऊपर किया गया है। किंतु रिचर्ड्स इन दोनों (कलाकार और पाठक) के लिए कुछ अतिरिक्त विशेषताएँ निर्धारित करते हैं। वे कहते हैं, "कलाकार की अनुभूति का वह अंश जो प्रासंगिक हो।" तो इस प्रासंगिकता की कसौटी क्या होगी ? इसी प्रकार वे 'योग्य पाठक', 'आदर्श और परिपूर्ण पाठक' की बात करते हैं। तो योग्य और परिपूर्ण पाठक की क्या कसौटी होगी ? वास्तविकता यह है कि कोई भी पाठक परिपूर्ण पाठक नहीं होता, न कोई भी पाठक कवि की संप्रेषित अनुभूतियों को उसी मात्रा में ज्यों की त्यों ग्रहण कर पाता है। इस संदर्भ में रिचर्ड्स इस समस्या का समाधान करते हुए कविता को "कोई एक

---

1. The meaning of a poem may be something larger than its author's conscious purpose and something remote from its origin.
2. The reader's interpretation may differ from the author's and be equally valid—it may even be better.
3. We may be talking about the artist's experience, such of it as is relevant or about the experience of a qualified reader who made no mistake, or about an ideal and perfect reader's possible experience, or about our own actual experience.—Principles of Literary Criticism.p.176-177.

अनुभूति नहीं बल्कि समान अनुभूतियों का एक वर्ग कहते हैं।"[1] उनके अनुसार "कविता अनुभूतियों का एक वर्ग है, जो मानक अनुभूति से, प्रत्येक विशेषता में भिन्न होती हुई भी, किसी विशेषता में एक खास मात्रा से अधिक भिन्न नहीं होतीं। ...इस मानक अनुभूति से मिलती-जुलती अनुभूति वाला पाठक उस कविता के बारे में निर्णय देने में सक्षम होगा क्योंकि उसकी अनुभूति उसी अनुभूति वर्ग की होगी।"[2] रिचर्ड्स का यह समाधान संतोषजनक नहीं है और इसका सबसे बड़ा कारण है कविता को 'केवल अनुभूति' के रूप में परिभाषित करना। कविता को कवि और पाठक की अनुभूति मान लेना उसे नितांत आत्मनिष्ठ (सब्जेक्टिव) मान लेना होगा और उसके संरचनात्मक तथा स्वतंत्र महत्त्व को अस्वीकार कर देना होगा। इसमें कोई संदेह नहीं कि कविता कवि की अनुभूति होती है लेकिन वह एक निर्मिति होती है और व्यक्त होने के बाद वह केवल कवि की अनुभूति नहीं रह जाती। कवि से अलग होने के बाद उसे एक स्वतंत्र रूप मिल जाता है और वह सार्वजनिक सम्पत्ति हो जाती है। वह केवल एक पाठक की ही अनुभूति नहीं रह जाती। वह एक स्वतंत्र संरचनात्मक अभिव्यक्ति होती है। अपनी इस अभिव्यक्ति की विशिष्टता के कारण ही कविता विज्ञान या अन्य वैचारिक अनुशासनों से अलग हो जाती है। बिना अभिव्यक्ति की क्षमता अर्थात् भाषा के सर्जनात्मक उपयोग की शक्ति के, कोई कवि नहीं होता। कुछ लोग कवि कर्म का मूल्यांकन करते समय कवि के नागरिक कर्म या उसकी व्यक्तिगत जिंदगी को भी मिला देते हैं। व्यावहारिक रूप में इससे कवि की लोकप्रियता पर भी असर पड़ता है। लेकिन कवि के रूप में किसी के मूल्यांकन का एकमात्र आधार उसकी कविता ही हो सकती है। निराला या मुक्तिबोध या नागार्जुन को इसलिए श्रेष्ठ कवि नहीं माना जाता कि उन्होंने अपनी जिंदगी में बहुत संघर्ष झेले हैं बल्कि इसलिए माना जाता है कि वे श्रेष्ठ कवि भी हैं। निराला या मुक्तिबोध या नागार्जुन से अधिक तीखा संघर्ष गाँवों के किसान झेलते हैं पर उन्हें हम कवि तो नहीं मानते। आजकल कुछ नवोदित लेखकों-आलोचकों पर ऐसे नारे हावी हो गये दीखते हैं कि वे मनुष्य की कसौटी पर कविता को कसने लगते हैं। शब्द और कर्म की एकता एक दूसरी चीज है जिसका मैं स्वयं बहुत बड़ा समर्थक

---

1. we can not take any single experience as the poem; we must have a class of more or less similar experiences instead. —The same. p. 177
2. In fact it is the only workable way of defining a poem; namely as a class of experiences which do not differ in any character more than a certain amount, varying for each character, from a standard experience...Any one whose experience approximates in this degree to the standard experience will be able to judge the poem and his remarks about it will be about some experience which is included in the class. —The same p. 178

हूँ लेकिन जब किसी कवि की गरीबी, मुफलिसी, बेकारी या फक्कड़पन को एक मिथ या क्रेज के रूप में इस्तेमाल किया जाता है और इससे उसकी कविता और उसके कवित्व को गौरवान्वित किया जाता है तो ऐसे लगता है जैसे कवि और कविता और काव्यशास्त्र सबका अवमूल्यन किया जा रहा है। ऐसे ही लोगों के लिए बिहारी ने कहा है–'करि फुलेल को आचमन मीठी कहत सराहि'। चन्द्रशेखर आजाद और भगत सिंह बहुत बड़े क्रांतिकारी थे लेकिन एक रचनाकार या कवि के रूप में उनका कोई महत्त्व नहीं। जैसा कि अज्ञेय ने कहा है, 'एक रास्ता तो सीधा है। वह कर्म का, एक्शन का रास्ता है। लेकिन यह जरूरत से ज्यादा सीधा रास्ता है। कर्म के द्वारा अस्मिता की उपलब्धि, कर्म में से अस्ति की पहचान रास्ता तो है, पर साहित्य कर्म से अलग ले जाने वाला रास्ता है...।"[1] यह रास्ता कवि-कर्म का रास्ता नहीं है। इस बात को स्वीकार करते हुए सार्त्र लिखते हैं, "हम एक कवि की इस कारण भर्त्सना नहीं कर सकते कि उसने कवि के रूप में उन दायित्वों को अस्वीकार कर दिया है जिनको मनुष्य के रूप में स्वीकार करना उसके लिए आवश्यक था। हम चाहे इसलिए उसकी भर्त्सना करें कि वह कवि के अतिरिक्त और कुछ नहीं है–मनुष्य के रूप में उसे अपने दायित्वों का बोध नहीं है, लेकिन सामाजिक संघर्ष या रचनात्मक आंदोलन में कवि के रूप में सम्मिलित न होने के लिए हम उसकी निंदा नहीं कर सकते।"[2] कविता भी एक सक्रिय कर्म है। इसीलिए आचार्य रामचंद्र शुक्ल काव्य-साधना को भावयोग कहते हैं तथा उसे कर्मयोग और ज्ञानयोग का समकक्ष मानते हैं। तात्पर्य यह कि कवि-कर्म का प्रमाण कवि की कविता ही होगी जो निश्चित रूप से अभिव्यक्ति के रूप में होगी और भाषा में होगी। इस अभिव्यक्ति की प्रक्रिया प्रायः बहुत स्पष्ट और पहले से निर्धारित नहीं होती। कवि जो अनुभव करता है उस अनुभव को स्वयं ठीक-ठीक पकड़ना चाहता है। उसे भाषा में सटीक रूप देना चाहता है। ऐसा कर लेने के बाद ही वह स्वयं यह समझ पाता है कि वास्तव में वह क्या अभिव्यक्त करना चाहता है। इसी बात को टी. एस. इलिएट ने यों कहा है कि कवि के भीतर एक रचना-भ्रूण पल रहा होता है जिसके लिए उसे शब्द-संधान करना होता है। जब तक वह उपयुक्त शब्द पा नहीं लेता तब तक यह नहीं जान पाता कि उसे कैसे शब्द चाहिए। इस भ्रूण को वह तब तक नहीं जान पाता जब तक कि वह उपयुक्त शब्दों के उपयुक्त क्रम में रूपांतरित नहीं हो जाता। और जब शब्द मिल जाते हैं तब वह वस्तु या मनःस्थिति अदृश्य हो जाती है जिसके लिए शब्द चाहिए थे और उसका स्थान ले

1. अकथ, जून-जुलाई, 1968
2. मानववाद और साहित्य : नवलकिशोर, पृ. 145

लेती है, कविता। 'चकमक की चिनगारी' शीर्षक कविता में मुक्तिबोध लिखते हैं :

कि मैं अपनी अधूरी दीर्घ कविता में
उमग कर
जन्म लेना चाहता हूँ फिर से
कि व्यक्तित्वांतरित होकर
नये सिरे से समझना और जीना
चाहता हूँ, सच

जब तक कवि इस अभिव्यक्ति की संघर्ष-प्रक्रिया से गुजर रहा होता है, एक ऐसी परेशानी महसूस करता है जिससे वह उबरना चाहता है। ज्योंही वह अपने अनुभव को ठीक-ठीक पकड़ लेता है और व्यक्त कर देता है, स्वयं को हल्का और मुक्त और प्रसन्न महसूस करता है। जो लोग काव्य की रचना-प्रक्रिया से परिचित हैं उन्हें मालूम है कि कवि को बराबर लगता है कि कुछ छूट रहा है जिसे भाषा देना जरूरी है। कभी वह कोई शब्द बदलता है, कभी कोई पंक्ति। कई बार उसे शब्दों को इधर-उधर करना पड़ता है और उपयुक्त शब्दों को तलाशना पड़ता है। यह भाषा और अनुभव का द्वंद्व है, कवि की अभिव्यक्ति का संकट। सूरदास ने अपने एक पद में इस संकट को बहुत अच्छी तरह व्यक्त किया है :

अलि हौं कैसे कहौं हरि के रूप रसहिं।
अपने तन मैं भेद बहुत बिधि, रसना न जानै नैन की दसहिं।।
जिन देखे ते आहि बचन बिनु, जिनहि बचन दरसन न तिसहिं।।

मुक्तिबोध की प्रसिद्ध कविता 'अँधेरे में' अभिव्यक्ति की खोज का मार्मिक दस्तावेज है। उदाहरण के लिए इस कविता की कुछ पंक्तियाँ द्रष्टव्य हैं—

किंतु असंतोष मुझको है गहरा
शब्दाभिव्यक्ति-अभाव का संकेत
× × ×
अब अभिव्यक्ति के सारे खतरे
उठाने ही होंगे।
× × ×
खोजता हूँ पठार...पहाड़...समुंदर
जहाँ मिल सके मुझे
मेरी वह खोयी हुई
परम अभिव्यक्ति अनिवार
आत्म-संभवा !

अभिव्यक्ति की खोज कवि-कर्म है और कविता अभिव्यक्त करने की क्रिया। कवि इस अर्थ में अन्य व्यक्तियों से विशिष्ट होता है कि वह न केवल अभिव्यक्ति

के लिए संघर्ष करता है बल्कि अभिव्यक्त करने की समस्या को सुलझा लेता है—अपनी अभिव्यक्ति को पा लेता है। महसूस सब करते हैं पर जितनी समर्थ अभिव्यक्ति कवि या रचनाकार दे पाता है उतनी सामान्य पाठक नहीं। बल्कि पाठक या श्रोता कवि की अभिव्यक्ति को पढ़ या सुनकर ही स्वयं अभिव्यक्त करने की सामर्थ्य प्राप्त करता है। यह कवि और कविता की महान सफलता है। कॉलरिज ने सही कहा है कि हम किसी व्यक्ति को कवि इस तथ्य से समझते हैं कि वह हमें भी कवि बना देता है। कवि उस दुनिया का साक्षात्कार करता है जो पाठक या श्रोता के चारों ओर है पर उनकी दृष्टि से ओझल है। चीजें जो अर्थहीन हैं—निरर्थक लगती हैं—रचना में उजागर होकर एक नया अर्थ देने लगती हैं। कवि अर्थहीन दुनिया को अर्थ देता है, शब्दहीन दुनिया को शब्द देता है। मौन को मुखर करता है। कविता शब्द और अर्थ की साधना है।

खास कुछ बेताबियों का नाम

उर्दू के शायर जिगर मुरादाबादी या उनके उस्ताद असगर गोण्डवी का एक शे'र है—

खास कुछ बेताबियों का नाम इंसां पड़ गया,
वरना क्या रक्खा था तरतीबे-अनासिर के सिवा।

मनुष्य में जो बेचैनी, जो व्याकुलता और अपने जिस्म के बाहर उड़ जाने की जो इच्छा होती है वह सृष्टि में केवल मनुष्य जाति की विशेषता है। यह प्राणी-मात्र में पाई जाने वाली चेतना और जिजीविषा मात्र नहीं है, इससे कुछ अधिक है। सृष्टि में मनुष्य ही एकमात्र प्राणी है जिसमें मरने की भी इच्छा होती है। उत्सर्ग की महान इच्छा। जिसमें रचने की, सृजन की भी इच्छा होती है। सिसृक्षा। अपनी इसी बुनियादी विशेषता के कारण मनुष्य विकास की मंजिलें पार करता आ रहा है—आदिम अवस्था से आज तक। मनुष्य के समक्ष जो दी हुई दुनिया थी, प्रकृति द्वारा प्रदत्त जो अनंत रूपात्मक जगत था उसकी जड़ता और उसके बंधनों के विरुद्ध मनुष्य लगातार संघर्ष करता रहा, उसको पराभूत करने, उसको सुंदर बनाने की कोशिशें करता रहा और अब भी कर रहा है। इस सारे मानवीय विकास के मूल में मनुष्य की चेतना की बेचैनी, उसकी कांक्षा और उसकी इच्छाशक्ति ही है। यही मनुष्य की कला-रचना के भी मूल में है।

मनुष्य एक बंधन-द्रोही प्राणी है। बंधनों को तोड़कर-लाँघकर निकल जाने की व्याकुलता उसके चैतन्य की—उसके बीज की—विशेषता है। उसकी अनेकानेक गतियों और क्रियाओं में उसका यह स्वभाव दिखाई पड़ता है। वैसे तो यह मनुष्य मात्र में लक्षित की जाने योग्य विशेषता है, पर कवियों-कलाकारों में ये बंधनजयी बेचैनियाँ अधिक तीव्र, अधिक आंदोलित होती हैं। कबीर जब कहते हैं—'बेहद्दी मैदान में रहा कबीरा सोय' या सूरदास जब कहते हैं—'चकई री चलि चरन सरोवर जहाँ न प्रेम वियोग' या तुलसी जब कहते हैं—'सुखी मीन जह नीर अगाधा, जिमि हरिसरन न एकउ बाधा' या ग़ालिब जब कहते हैं—'रहिये अब ऐसी जगह चलकर, जहाँ कोई

न हो' या रवीन्द्रनाथ जब कहते हैं—'आभि चंचल हे, आभि सुदुरेर पियासो' (मैं चंचल हूँ, मैं सुदूर का प्यासा हूँ) या निराला जब कहते हैं—'खड़ी है दीवार जड़ को घेर कर' तो ये अभिव्यक्तियाँ भले अलग हों, अलग-अलग कवियों, अलग-अलग भाषाओं और अलग-अलग संदर्भों की हों पर इनकी मूल बेचैनी एक है—चित्त की बंधनद्रोही बेचैनी। यह बंधनद्रोही बेचैनी कला और काव्य का स्थायी भाव है।

मनुष्य ने शायद पहली बार नृत्य के रूप में अपनी भावाभिव्यक्ति की कोशिश की। लगभग सभी आदिम जातियों में मण्डलावर्त्त नृत्य के आयोजन पाए जाते हैं। आदिम जातियों का गहन अध्ययन करने वाले विद्वानों का अनुमान है कि आरंभ में मनुष्य की चेतन सत्ता ने अपना भीतरी उल्लास प्रकट करने के लिए यह माध्यम अपनाया होगा। इस संबंध में पं. हजारीप्रसाद द्विवेदी लिखते हैं, "फ्रांक थीस नामक जर्मन विद्वान ने बताया है कि नृत्य वस्तुतः जड़ के गुरुत्वाकर्षण पर चैतन्य की विजयेच्छा का परिणाम है, क्योंकि इसकी मुख्य प्रवृति भार की अवगति (गुरुत्व का आकर्षण) को अभिभूत करने की है। नर्तक से हम लाघव, क्षिप्रता, फुर्ती आदि की आशा करते हैं। और, अंतिम विश्लेषण के बाद ये बातें जड़ता के आकर्षण पर विजय पाने के प्रयास का ही नामांतर सिद्ध होती हैं। जड़ता का भार नीचे ले जाना चाहता है, उल्लसित चैतन्य उसके इस खिंचाव का प्रतिरोध करता है। सब मिलाकर यह भौतिक भार की अवगति पर विजय पाने का प्रयास ही है और कला के क्षेत्र में कोई नयी बात नहीं है। स्थापत्य में पत्थर पर विजय पाने का प्रयास है, चित्रकला में सपाट धरातल पर और कविता में अर्थ-सीमा में बँधे शब्दों पर। फ्रांक थीस के कथन का बड़ा महत्त्व है कि वस्तुतः हर कला-प्रयास में शिल्पी जड़ सामग्री के सहज धर्म पर विजय पाने का प्रयत्न करता है। मनुष्य के कला-प्रयत्नों का अर्थ ही है जड़ता से संघर्ष। जितनी मात्रा में शिल्पी इस संघर्ष में विजयी होता है, उतनी ही मात्रा में वह शिल्पी-रूप में सफल होता है। जितनी दूर तक उसके अंतरतर का विशुद्ध चैतन्य जड़ाकर्षण और भौतिक बंधन को छिन्न करके लक्ष्यीभूत द्रष्टा या श्रोता की अंतर्निहित उच्छल प्राणधारा को मुखर कर देता है, जीवंत रूप में चैतन्य को अनुभवगम्य बनाता है, उतनी ही दूर तक उसका शिल्प चरितार्थ है।"[1] इसी प्रसंग में द्विवेदी जी आगे लिखते हैं—"पद-पद पर मानव-चित्त के अपार औत्सुक्य को प्रकट करने वाली इच्छाशक्ति भाषा की सीमा से टकराती है। अपनी अनुभूति को जब भाषा द्वारा सीधे नहीं प्रकट कर पाती तो उपमा का सहारा लेती है। कैसा लाल ? जैसी कि अमुक वस्तु होती है वैसा। उससे भी काम नहीं चलता तो उत्प्रेक्षा का सहारा लेती है। यदि अमुक वस्तु अमुक वस्तु से युक्त होती तो जैसा होता वैसा। पर काम क्या चलता है ? मनुष्य छंद से, स्वराघात से, काकु से, वचन-

1. हजारीप्रसाद द्विवेदी ग्रंथावली, खंड 7, प्रस्तावना, पृ. 28

वक्रता से, हाथ घुमाकर, मुँह बनाकर अर्थात् अभिनय से, इस अपार इच्छा-शक्ति का समाधान करना चाहता है। इच्छा अनंत है, क्रिया सांत है। इच्छा नाद है—कण्टिनुअम है, क्रिया बिंदु है—क्वैण्टम। इच्छा गति है, क्रिया स्थिति है। गति और स्थिति का यह द्वंद्व चलता रहता है। इसी से रूप बनता है, छंद बनता है, संगीत बनता है, नृत्य बनता है। इच्छा काल है, क्रिया देश है। इसी देश-काल के द्वंद्व से जीवन रूप लेता है प्रवाह के रूप में। इसी से धर्माचरण बनता है, नैतिकता बनती है। इन सबको छापकर सबको अभिभूत करके, सबको अंतर्ग्रंथित करके जो समग्र भाव है वह सौंदर्य का दूसरा रूप है। यह भाषा में, छंद में, मिथक रूप में, नृत्य में, गीत में, मूर्ति में, चित्र में, सदाचार में अपने आपको प्रकट करता है। एक प्राकृतिक सौंदर्य है, दूसरा मानवीय इच्छा शक्ति का विलास है।"[1]

सिसृक्षा या सृजन की इच्छा मनुष्य की चित्त-शक्ति की विशेषता है। उसके भीतर जो स्रष्टा है वह अपनी सर्जन कल्पना के द्वारा निरर्थक चीजों में भी सार्थक आकारों की कल्पना कर लेता है। बादलों में, पेड़ की डालों में, दीवारों में, खँडहरों में वह आकार और मूर्ति की कल्पनाएँ कर लेता है। अपनी कल्पना से रूप गढ़ लेता है। सृजन की इच्छा और अर्थ की खोज मनुष्य की ऐसी बुनियादी विशेषताएँ हैं जो उसे पशु से अलग करती हैं। कहा जा सकता है कि मनुष्य ने ही इस संसार को अर्थ दिया है। उसने निरर्थक लगने वाली चीजों में भी अर्थ तलाश लिया है। अगर मनुष्य न होता तो यह दुनिया शायद अर्थहीन दुनिया होती। वैसे तो सृजन की इच्छा और अर्थ की खोज मनुष्य मात्र की विशेषताएँ हैं पर कवि कलाकार में इनका चरम विकसित रूप विद्यमान होता है। इन विशेषताओं के बिना भी मनुष्य की कल्पना हो सकती है पर कवि-कलाकार की कल्पना नहीं हो सकती। और, इसके भी आगे अपनी सिसृक्षा को रूप देने की क्रिया तो केवल कवि-कलाकार की ही विशेषता है। इसी को सर्जन-क्रिया कहते हैं।

मनुष्य जिस भी माध्यम से अपनी इच्छाशक्ति की अभिव्यक्ति करता है चाहे वह नृत्य का माध्यम हो या संगीत का, मूर्ति का या चित्र का या काव्य का—व्यापक अर्थ में यह सभी एक प्रकार की भाषा है। जिसमें भी सम्प्रेषण की क्षमता हो और जिससे भी अर्थ की व्यंजना होती हो वह सभी एक प्रकार की भाषा ही है। इन सभी के द्वारा द्रष्टा या श्रोता में अर्थ प्रेषित किया जाता है। किंतु इन कलाओं का अपना स्वरूप-संगठन और इनकी शक्ति-सीमा अलग-अलग है।

नृत्य और संगीत ये दोनों कलाएँ सबसे प्राचीन हैं और इनका जन्म आदिम मनुष्य के साथ ही सहज रूप में हुआ है। मनुष्य के शरीर में जो सहज स्पंदन है—साँस का, रक्त का—वही इन कलाओं के मूल में है। इन्हीं से ये सहज रूप

---

1. हजारीप्रसाद द्विवेदी ग्रंथावली, खंड 7, प्रस्तावना, पृ. 34

में उत्पन्न हुई हैं। नृत्य दृश्य कला है और संगीत श्रव्य। दोनों में आदि मानव ने अपने आंतरिक भावों को व्यक्त करने की कोशिश की होगी। इनके बाद काव्य और चित्रकला का जन्म हुआ है और उसके भी बाद मूर्ति और वास्तुकला का। जैसे-जैसे सभ्यता का विकास हुआ है वाह्य जगत की व्यवस्था का हस्तक्षेप बढ़ता गया है और ये कलाएँ अधिक प्रयोजन-मुखी होती गयी हैं। इनकी भंगिमा में, शिल्प में, अभिव्यंजना कौशल में अंतर आता गया है। नृत्य वाह्य साज-सज्जा के साथ नाटक के रूप में और यंत्रों के सहारे फिल्म के रूप में बदलने लगा है। संगीत शब्द और वाद्ययंत्रों के सहारे नयी भंगिमाएँ लेकर बढ़ा है। कविता आगे महाकाव्य और कथात्मक कृतियों के रूप में तथा चित्रकला मूर्ति और वास्तुकला के रूप में वाह्य जगत की व्यवस्था के अधिक निकट हुई है।

कविता के शब्दों में अर्थ होता है। वही अर्थ कविता को वाह्य संसार से जोड़ता है। अर्थ को छोड़कर कविता नहीं हो सकती। यदि उसमें अर्थ न हो तो वह संगीत हो जायेगी। संगीत अर्थ से मुक्त होता है। एक ध्वनि-प्रवाह। एक लयात्मक प्रवाह। उसमें भाषा व्याकरण और वाक्य-विन्यास की व्यवस्था सें मुक्त होती है। वह प्रयोजनवती भाषा के पहले की अवस्था है जिसमें वर्ण अलग-अलग नहीं हुए थे। इसीलिए संगीत कविता से अधिक सूक्ष्म कला है। उसमें राग है, लय है, ताल है। वर्णों के एक दूसरे में मिले होने और उनके अर्थहीन होने से जनमा एक लयात्मय प्रवाह है। वह लयात्मक प्रवाह निरर्थक नहीं होता। यह श्रोता में उसी प्रकार का कम्पन पैदा करता है जैसे काव्य या अन्य कलाएँ करती हैं। पर इनमें थोड़ा स्तर-भेद है। संगीत से श्रोता के चित्त में जो अनुभूति पैदा होती है वह वाह्य जगत से उस तरह नहीं बँधी होती जैसी कविता से पैदा अनुभूति। बात यह है कि कविता के माध्यम शब्द हैं जो बहुत गाढ़ रूप में वाह्य जगत से जुड़े होते हैं। कविता के श्रोता या पाठक के चित्त में वाह्य जगत बार-बार तरंगायित होता हुआ, चमकता हुआ—उभरता हुआ हस्तक्षेप करता रहता है पर संगीत के श्रोता की वेदना में वाह्य जगत का ऐसा हस्तक्षेप नहीं होता। वहाँ शब्द नहीं होते जो वाह्य जगत से श्रोता का संबंध बराबर जोड़ते रहते हैं। वहाँ ध्वनियों का एक अविच्छिन्न प्रवाह होता है जो श्रोता को अपने ही भीतर के प्रवाह में ले जाता है। बाहर के प्रति या कि कार्य-कारण-जगत के प्रति उतना सचेत नहीं रहने देता। उदाहरण के लिए वाद्यसंगीत—वीणा, सितार, सरोद, वायलिन, सारंगी आदि—जिन सूक्ष्म गहराइयों की ओर ले जाता है उनमें अमूर्त, अविच्छिन्न, स्वच्छंद गति-प्रवाह होता है और हस्तक्षेप कम से कम। किंतु संगीत भी अपनी व्यवस्था में बँधा होता है। उसकी व्यवस्था फार्म और स्ट्रक्चर की, रूप और गठन की व्यवस्था है। इस संबंध में काव्य और संगीत का अंतर स्पष्ट करते हुए हजारीप्रसाद द्विवेदी लिखते हैं—"अर्थ प्रधान विविक्तवर्णात्मिका भाषा का सहारा लेकर छंद, वृत्त बनता है और अर्थ-निरपेक्ष

विविक्तवर्णात्मिका भाषा का आश्रय ग्रहण करके राग बनता है। इस प्रकार छंद दो रूपों में प्रकट हुआ, राग के रूप में और वृत्त के रूप में। राग के रूप में वह संगीत है और वृत्त के रूप में काव्य। राग के रूप में वह वहिर्जगत के अर्थ से असम्पृक्त होता है और वृत्त के रूप में वह वहिर्जगत के अर्थ से संपर्क बनाए रहता है। राग आदिम है, वृत्त बाद की परिणति।''[1]

कविता और चित्रकला का अंतर स्पष्ट करते हुए द्विवेदी जी लिखते हैं, ''शब्द के आरंभ से अंत तक उच्चारण करने में समय लगता है। इसीलिए वह काल के आयाम में व्यक्त होता है। वह गतिशील है। कविता का यही आयाम है—काल। प्राचीन आगमशास्त्री शब्द, गति और काल को एक ही श्रेणी में नहीं रखते, एकार्थक भी मानते हैं। नाद या शब्द उनके मत से इच्छा-रूप होने से गत्यात्मक है—कन्टिनुअम। बिंदु या स्थान क्रिया रूप होने से स्थित्यात्मक होता है—क्वेन्टम। चित्र और मूर्ति बिंदु समवाय हैं—स्थितिशील। कविता नाद-समवाय है—गतिशील। कविता का एक आयाम है--काल। चित्र के दो हैं—लंबाई और चौड़ाई, दैर्ध्य और प्रस्थ। मूर्ति के तीन हैं—लंबाई, चौड़ाई, मोटाई—दैर्ध्य, प्रस्थ और स्थौल्य।''[2] आगे द्विवेदी जी स्पष्ट करते हैं कि कविता काल में व्याप्त होने पर भी देश के साथ असम्पृक्त नहीं रहती। वह काल में प्रवाहित होती है और देश में स्थिति प्राप्त करती है। 'आवेग' में गति होती है जो काल में ही संभव है लेकिन कविता आवेगों को स्थिर रूप प्रदान करती है। यह बात उसे अन्य कलाओं से अलग कर देती है। इसी प्रकार दृश्य कला का गतिशील रूप नृत्य में देखा जा सकता है। चित्रकला का भी गतिशील रूप आज फिल्मों में दिखाई पड़ता है। स्थिर चित्रों को एक अविच्छिन्न प्रवाह के रूप में जोड़कर उनमें गति की प्रतीति करा दी जाती है।

चित्र और मूर्ति में शब्द का व्यवहार नहीं होता। शब्द संकेत या प्रतीक होते हैं और उनमें जो अर्थ होता है, वह समाज-चित्त में स्वीकृत होता है। शब्दों का जो अर्थ निकलता है उनका कोई तर्कसंगत कारण नहीं बताया जा सकता। वह एक तरह का प्रक्षेप होता है जो समाज-चित्त द्वारा स्वीकृत होता है। इसीलिए शब्द 'रूढ़' कहे जाते हैं। किंतु चित्र और मूर्ति में जो अर्थ होता है वह उस तरह का नहीं होता जैसे शब्द में होता है। चित्र और मूर्ति भी एक प्रकार के प्रतीक ही हैं किंतु उनमें वाह्य जगत के पदार्थों से सादृश्य होता है। उनका अर्थ उस सादृश्य में होता है, उदाहरण के लिए 'पेड़' शब्द का अर्थ वाह्य जगत का 'पेड़' क्यों है, इसका कोई तर्कसंगत कारण नहीं बताया जा सकता लेकिन चित्रलिखित 'पेड़' वाह्य जगत के 'पेड़' से अपना सादृश्य कायम करता है। यद्यपि यह सादृश्य हू-ब-हू वही नहीं

1. हजारीप्रसाद द्विवदी ग्रंथावली, खंड 7, पृ. 92
2. हजारीप्रसाद द्विवेदी ग्रंथवली, खंड 7, पृ. 58

होता। इसका भी अपना अर्थ है जो चित्रकार देता है। यह उसका सृजन है जो वह उस सादृश्य को देता है। यह उसकी कल्पना है, उसका कौशल है, उसकी निर्मिति है। यह सही है कि चित्र और मूर्ति में वाह्य जगत से सीधा रिश्ता बनता है किंतु यदि रेखाओं और रंगों के द्वारा चित्रकार वाह्य जगत का सादृश्य विधान मात्र करके रह जाये तो उसकी चित्रकला घटिया होकर रह जायेगी जैसे कोई कवि केवल अलंकारों का विधान मात्र करके रह जाये या शब्द की अभिधा शक्ति तक ही सीमित रह जाये। वास्तव में रंगों और रेखाओं के द्वारा चित्रकार अपने अंतर्जगत के आवेग को, अपने चित्त की भावना और कल्पना शक्ति को व्यक्त करता है।

कविता में कवि जो काम शब्दों से लेता है, चित्रकला में चित्रकार वही काम रेखाओं और रंगों से। किंतु यहाँ यह ध्यान रखने की चीज है कि चित्रकला में जो 'रंग' या 'मूर्तिकला' में जो 'पत्थर' प्रयुक्त होता है उसकी प्रकृति भाषा से अलग है। भाषा 'रंग' या 'पत्थर' की तरह स्थिर और निष्क्रिय नहीं होती। वह अत्यंत सक्रिय और जीवंत होती है। वह कवि को निर्देश देने और संचालित करने का कार्य भी करती है। भाषा मनुष्य की संस्कृति और परंपरा की वाहक होती है। संस्कृति और परंपरा के साथ 'रंग' और 'पत्थर' का रिश्ता इस प्रकार का नहीं होता। यह विशेषता काव्य को खासतौर से चित्रकला और मूर्तिकला से अलग करने वाली है। कविता श्रव्य माध्यम है, चित्रकला दृश्य। किंतु आगे चलकर कविता को भी दृश्य बनाने का प्रयत्न किया गया। उसे अक्षरों में लिपिबद्ध कर कानों के अलावा नेत्रों का भी विषय बनाया गया। इसी प्रकार चित्रकला को भी दृश्य के आगे बढ़कर स्पर्श का विषय बनाया गया। आर. जी. कलिंगवुड ने इस संदर्भ में प्रसिद्ध चित्रकार सिजाने का उल्लेख किया है जिसने अपने दृश्य चित्रों में चाक्षुषता को लगभग समाप्त कर दिया।[1]

चित्र और कविता दोनों माध्यमों की अपनी सीमाएँ हैं। रेणु की प्रसिद्ध कहानी 'तीसरी कसम' में हीरामन गाड़ी हाँके चला जा रहा है। धनहर खेतों के बीच चाँदनी कातिक की है। हीरामन को चारों ओर 'गौने की साड़ी की-सी खसखसाहट' सुनाई पड़ती है। इस 'गौने की साड़ी की खसखसाहट' में जो कह दिया गया है उस ध्वनि को चित्र में पकड़ना बहुत मुश्किल है। उसी कहानी में हीरामन के पीछे हीराबाई बैठी हैं। हीरामन की 'पीठ में गुदगुदी' हो रही है। इस 'पीठ की गुदगुदी' को चित्र में दृश्य कर पाना लगभग असंभव व्यापार है। इसी प्रकार दूसरी ओर लियोनार्दो द विंची के प्रसिद्ध चित्र 'मोनालिसा' में जो रहस्यमयता और न जाने क्या-क्या है, उस पर तमाम-तमाम लिखा गया लेकिन शायद उसे ठीक-ठीक शब्दों में न पकड़ा जा सका। यह माध्यमों की अपनी-अपनी सीमाएँ हैं। जो शब्द-जगत की सूक्ष्मतम संवेदनाएँ हैं उन्हें शब्द के जाल में ही फँसाया जा सकता है। इसी प्रकार रंगों की दुनिया की संवेदनाएँ रंगों में ही उभारी जा सकती हैं। सूक्ष्मतम वेदनाओं के लिए तारवाद्यों का इस्तेमाल करना पड़ता है। कभी चित्र ज्यादा कह जाता है, कभी काव्य, कभी संगीत।

1. कला के सिद्धांत, पृ. 135

वागर्थाविव सम्पृक्तौ

1

संस्कृत कवि कालिदास ने वाक् और अर्थ को पार्वती और शिव की तरह परस्पर संयुक्त बताया है। इस वाक् और अर्थ तक पहुँचने में मनुष्य को लाखों वर्ष लग गये। किसी महाविस्फोट में हमारी धरती सूर्य से अलग हुई। शायद हजारों वर्ष तक चिंगारी की तरह जलती रही। शायद हजारों वर्ष तक ठंडी होती रही। शायद हजारों वर्ष तक बारिश होती रही। और तब पैदा हुआ जीव। कहाँ से आया वह, यह आज भी विज्ञान की खोज का विषय है। फिर शुरू हुआ जीव का विकास। आदमी तक पहुँचते-पहुँचते लाखों वर्ष लग गये। मनुष्यता का इतिहास बहुत लंबा है। चार पैरों से चलने वाले आदमी ने धीरे-धीरे अपने दोनों हाथों को आजाद किया। यह मनुष्यता के विकास में एक महान घटना है। मार्क्स ने लिखा है, "हाथ केवल श्रम का साधन ही नहीं श्रम की सृष्टि भी हैं। केवल श्रम के द्वारा, हाथ को नयी-नयी क्रियाओं में साधने से, और उससे प्राप्त माँसपेशियों के स्नायु के और—लंबे काल में—अस्थियों के भी विशेष विकास को परवर्ती पीढ़ियों को दाय रूप में देते जाने से और इस प्रकार वंश-परंपरा में प्राप्त इन विकासों को नित नयी और अधिकाधिक जटिल क्रियाओं में प्रेरित करते रहने से मानव के हाथ ने पूर्णता की ऐसी पराकाष्ठा प्राप्त कर ली कि उसके स्पर्श के जादू से राफेल के चित्र, थोरवाल्डसन की मूर्तियाँ और पागानिनी का संगीत अस्तित्व में आया।"[1] हाथ को आजाद करने वाले मनुष्य ने पहले ध्वनियों और इशारों की भाषा का आविष्कार किया। आज भी इस भाषा के अवशेष हमारे पास हैं और हम अनेक अवसरों पर इसका इस्तेमाल करते हैं। 'उफ्' और 'अह्' आदि ध्वनियों के द्वारा तथा हाथ और सिर और आँख और अन्य अंगों का प्रयोग करके हम अपनी बात स्पष्ट करते हैं। ध्वनियों और इशारों की यह

1. फ्रेडरिक ऐंगेल्स : संकलित रचनाएँ, भाग 3

भाषा हमारी आदिम भाषा का अवशेष है। तब की भाषा है जब आज की भाषा बनी नहीं थी।

ईरान के शाह के महल में नौकरों-चाकरों के लिए केवल इशारों की भाषा के इस्तेमाल की इजाजत थी। वे शब्दों का प्रयोग केवल तभी कर सकते थे जब अपने बराबर वालों से बात कर रहे हों। वे अभागे लोग होते हैं जो 'वाक् की स्वतंत्रता' से वंचित होते हैं। यह वाक्शक्ति सृष्टि में सबको नहीं मिली है। संसार में बहुत से जीव ऐसे हैं जिनमें दृष्टि शक्ति, स्पर्श शक्ति, घ्राण शक्ति मनुष्य से ज्यादा है लेकिन वाक्शक्ति में मनुष्य से आगे कोई नहीं है। जैसा कि पीछे कहा जा चुका है, एक बंधनद्रोही बेचैनी और सिसृक्षा मानव-चित्त की विशेषता है। इसी प्रकार मानव चेतना में अर्थ को ग्रहण करने और अपने को अभिव्यक्त करने की भी विशेष क्षमता होती है। अगर ऐसा न होता तो भाषा का जन्म भी संभव नहीं था। चेतना की 'अभिव्यक्त करने की शक्ति' या 'आत्मप्रकाश की शक्ति' को ही हमारे यहाँ वाक्शक्ति कहा गया है। 'वाक्' या 'वाणी' या 'भाषा' शब्द कभी-कभी बहुत व्यापक अर्थ में प्रयुक्त होते हैं। जिसमें भी संप्रेषण की क्षमता है उसके लिए इन शब्दों का व्यवहार कर दिया जाता है। जैसे चित्र और मूर्ति द्वारा भी अर्थ संप्रेषित होता है, अतः वह भी एक प्रकार की भाषा ही है। लेकिन यहाँ काव्य के प्रसंग में वाक् या वाणी या भाषा का अर्थ उच्चरित वर्णों वाली भाषा से ही है। इस भाषा को मनुष्य ने वाह्य जगत के साथ अपने हजारों-हजार वर्ष के निरंतर संघर्ष से अर्जित किया है। भाषा मनुष्य की सबसे कीमती कमाई हुई चीज है। मनुष्य ने अपनी जिजीविषा के लिए जितने आविष्कार किए हैं, भाषा उनमें सबसे पुराना और सबसे कारगर और सबसे जरूरी हथियार है। आज यह बता पाना मुश्किल है कि किस प्रकार आदि मानव ने पहली बार भाषा में अपने को व्यक्त किया। आज हम भाषा से इस बुरी तरह एकमेक हो गये हैं कि भाषा के बिना धारणा या सर्जना कैसे संभव है, इसकी कल्पना भी नहीं कर पाते। आरंभ में मनुष्य भी अनेक मनोभावों को व्यक्त करने के लिए उसी प्रकार की ध्वनियाँ उत्पन्न करता होगा जैसे अनेक मानवेतर प्राणी आज भी करते हैं। बाद में अपनी विवेकशक्ति द्वारा मनुष्य ने उन ध्वनियों को विभक्त करके अलग-अलग वर्णों को निश्चित किया और इस प्रकार उसने शब्दों का निर्माण किया। मनुष्य द्वारा वर्णों को विभक्त करने और उसकी इकाइयों से शब्दों को निर्मित करने की यह प्रक्रिया मनुष्य में विद्यमान मस्तिष्क और उसकी रचनात्मक विवेकशक्ति की ही विशेषता है। मनुष्य ने जैसे-जैसे ध्वनियों को विभक्त किया, वाह्य जगत की चीजें भी विभक्त होती गयीं और उनके लिए अलग-अलग ध्वनि-संकेत निश्चित होते गये। यही ध्वनि-संकेत भाषा की मूल पूँजी हैं। इन्हीं सार्थक ध्वनि-संकेतों को हम शब्द भी कहते हैं। शब्द स्वयं पदार्थ नहीं हैं, वे किन्हीं पदार्थों से संबद्ध ध्वनि संकेत मात्र हैं। लेकिन उनकी एक स्वतंत्र सत्ता बन जाती

है क्योंकि वे नाम बन जाते हैं। सृष्टि के हर पदार्थ का, हर क्रिया का एक नाम होता है जो विचार भी होता है।...तो इस प्रकार भाषा बनी होगी। प्रतीकों की सृष्टि हुई होगी। सृष्टि को समझने की कुंजी मिली होगी। सभ्यता का विकास हुआ होगा।

सृष्टि में मनुष्य ही ऐसा प्राणी है जो भाषा का व्यवहार करता है, उसकी शक्ति को समझता है। पशु भी ध्वनि करते हैं और उसको वे आपस में समझते भी हैं लेकिन अपने परिवेश और अपनी शारीरिक सीमाओं के कारण वे भाषा की रचना नहीं कर सकते और भाषा की रचना न कर सकने के कारण ही वे शरीर से अत्यंत शक्तिसम्पन्न होते हुए भी मनुष्य के समक्ष निरीह हैं। अज्ञेय ने कहीं लिखा है कि किसी पशु के अस्थिपंजर को देखकर यह अनुमान लगाया जा सकता है कि उसकी क्षमता क्या होगी। अर्थात् वह कितना तेज दौड़ सकता होगा, कितना कूद सकता होगा, कितना बलिष्ठ होगा, आदि आदि। लेकिन किसी मनुष्य के अस्थिपंजर को देखकर उसकी क्षमता का अंदाज नहीं लगाया जा सकता। मनुष्य की शक्तियाँ अनंत हैं–उसकी संभावनाएँ असीम हैं। मनुष्य की इस शक्ति का एक महत्त्वपूर्ण कारण यह है कि उसके पास भाषा है और वह प्रतीकों की सृष्टि कर सकता है। साहित्य-सृजन भी मनुष्य की विशिष्ट संभावनाओं का एक आयाभ है जो भाषा में ही संभव होता है। मनुष्य को जो अर्थ और मूल्य साहित्य-रचना से प्राप्त हैं उनका श्रेय भाषा को ही है। यदि मनुष्य के पास भाषा न होती तो वह एक खूँखार हिंस्र पशु होता।

वह दिन हेलेन केलर के जीवन में एक अविस्मरणीय दिन था ज़ब उसने अपनी शिक्षिका द्वारा संचालित उँगलियों से 'शब्द' को पाया था। 'शब्द' जो सृष्टि की कुंजी है। सृष्टि के हर पुर्जे का एक 'नाम' है और हर नाम एक विचार को जन्म देता है। अपनी आत्मकथा में हेलेन केलर लिखती हैं–

"Someone was drawing water and my teacher placed my hand under the spout. As the cool stream gushed over my hand she spelled into the other the word 'water' first slowly, then rapidly. I stood still. My whole attention fixed upon the motion of her fingers. Suddenly I felt a misty consciousness as of something forgotten—a thrill of returning thought, and somehow the mystery of language was revealed to me. I knew then that w-a-t-e-r meant the wonderfull cool something that was flowing over my hand. That livinig word awakened my soul, gave it light, hope, joy, set it free !...

I left the well house eager to learn. Everything had a name and each name gave birth to a new thought. As we returned to the house every object which I touched seemed to quiver with life. That was because I saw everything with the strange, new sight that had come to me."[1]

1. The story of my life, Helen Keller. p. 23-24

ऊपर के उद्धरण में स्पष्ट है कि शब्द को पहली बार पाकर हेलेन केलर ने क्या महसूस किया—जैसे किसी चीज की भूली हुई धुँधली चेतना हो, आते हुए विचार का उल्लास। भाषा का रहस्य उसके लिए प्रकट हो गया था। एक जीवित शब्द ने उसकी आत्मा को प्रकाश से, आशा से, खुशी से भर दिया था। शब्द यही करता है। आत्मा को जाग्रत करता है, प्रकाशित करता है, उसे खुशी और आह्लाद देता है।

इस घटना का उल्लेख करते हुए हेलेन केलर की शिक्षिका एनीसुलिवान अपने एक पत्र में मिसेज होपकिंस को लिखती हैं, "आज सबेरे ही मैं आपको पत्र लिखने बैठ गई हूँ। क्योंकि एक बहुत ही महत्त्वपूर्ण घटना घट गई है। हेलेन सीख गई कि हर चीज का एक नाम होता है और वह जो कुछ जानना चाहती है उसकी कुंजी वर्णमाला है।...यही मार्ग उसे उसके गहन अंधकारमय जगत में से निकाल कर मानवों के संपर्क में लायेगा।"[1]

तो यह है शब्द की सत्ता। अर्थात् मनुष्य को निविड़ अंधकार से निकाल कर मनुष्य की दुनिया में लाने का साधन। शब्द इच्छाओं को व्यक्त करते हैं। शब्द पवित्र भावों को सुरक्षित रखते हैं। हर शब्द एक नये संसार का द्वार होता है—एक मानवीय संसार का—सत्य, अहिंसा, प्रेम, करुणा के संसार का। दंडी ने 'काव्यादर्श' में कहा है, "अगर शब्द नहीं होते तो इस दुनिया में अंधेरा ही छाया रहता, शब्द की ज्योति से ही विश्व उद्‌भाषित है।" (वाचामेव प्रसादेन लोकयात्रा प्रवर्तते। यदि शब्दाह्वयं ज्योतिरासंसारान्न दीप्यते।) इसी को भर्तृहरि ने कहा है कि लोक में शब्दानुगम के बिना कोई प्रत्यय नहीं होता। समस्त ज्ञान शब्द से ही भासता है—

न सोऽस्ति प्रत्ययो लोके यः शब्दानुगमादृते।
अनुविद्धभिव ज्ञाने सर्व शब्देन भासते।।

वैसे तो शब्द या भाषा का मनुष्य मात्र के साथ गहरा संबंध है पर कवि-लेखक के लिए तो उसका रिश्ता जल और मछली का है। बाकी किसी के लिए कुछ और भी उपकरण हो सकते हैं पर रचनाकार के पास भाषा के अलावा कुछ दूसरा नहीं है। उर्दू के प्रसिद्ध शायर मीर अपनी वसीयत में अपने बेटे से कहते हैं, "बेटा, हमारे पास माल व मुताए-दुनिया से तो कोई चीज नहीं है जो आइंदा तुम्हारे काम आये लेकिन हमारा सरमायए-नाज कानूनेजबाँ है जिस पर हमारी जिंदगी और इज्जत का दारोमदार रहा, जिसने हमको खाके-जिल्लत से आसमाने-शोहरत पर पहुँचा दिया। इस दौलत के आगे हम सल्तनते-आलम को हेच समझते रहे।" यह है शब्द और भाषा के प्रति एक कवि की श्रद्धांजलि। सार्त्र लिखते हैं, "यदि हम लेखक को राजनीतिक व्यक्ति के समकक्ष रखें जिसने स्वतंत्रता की प्राप्ति

1. Teacher of light : Helen Elmira Waite

का उद्देश्य अपनाया है, तो देखेंगे कि उसके पास अपने लक्ष्य को पाने का हिंसा के सिवा कोई विकल्प नहीं है।...इसके विपरीत लेखक अपने को ऐसी स्थिति में पाता है, जहाँ राजनेता की भाँति स्वतंत्रता के निमित्त, राजनेता की तरह मनुष्य के अधिराज्य को पाना चाहते हुए उसे हिंसा करने की कोई जरूरत नहीं रहती।''[1]

2

भारत में शब्द के बारे में दार्शनिक, भाषा-वैज्ञानिक और व्याकरणिक—सभी दृष्टियों से बहुत ही गहन विवेचन किया गया है। संस्कृत वैयाकरणों के अनुसार शब्द मनुष्य के अंतर में प्रतिष्ठित होता है जो विवक्षा (कुछ कहने की इच्छा) के होने पर वर्णात्मक ध्वनियों के रूप में व्यक्त होता है। शब्द के उस आंतरिक पक्ष को 'स्फोट' और वाह्य पक्ष को 'ध्वनि' कहा गया है। मानवीय 'वाक्' में ये दोनों पक्ष विद्यमान होते हैं, इसीलिए वह सार्थक होता है।

कविता में सबसे ज्यादा महत्त्वपूर्ण होते हैं 'शब्द'। शब्द किसी अर्थ के प्रतीक होते हैं। ध्वनि अनुकरण के आधार पर बने कुछ शब्दों को छोड़कर लगभग सभी शब्द प्रतीक का काम करते हैं और रूढ़ होते हैं। उनमें समाज-स्वीकृत अर्थ भरे होते हैं। आरंभ में संभवतः शब्द और अर्थ अभिन्न रहे होंगे। पर बाद में वे प्रतीक के रूप में इस्तेमाल होने लगे। लेकिन कविता के शब्द आज भी सामान्य शब्दों की अपेक्षा ज्यादा अर्थ के निकट होते हैं। वे अर्थ और प्रतीक दोनों एक साथ होते हैं। उन्हें सुनते हुए कभी-कभी ऐसा लगता है जैसे हम अर्थ को सुन रहे हैं। जैसे हम फल को खाते हुए उसका अर्थ प्राप्त करते हैं वैसे ही इन शब्दों को सुनते हुए। उदाहरण के लिए निराला की प्रसिद्ध कविता 'राम की शक्तिपूजा' की आरंभिक पंक्तियाँ देखिए—

रवि हुआ अस्त; ज्योति के पत्र पर लिखा अमर
रह गया राम-रावण का अपराजेय समर
आज का, तीक्ष्ण-शर-विधृत-क्षिप्र-कर, वेग प्रखर,
शतशैल सम्वरणशील, नील नभ-गर्जित-स्वर,
प्रतिपल परिवर्तित व्यूह-भेद-कौशल-समूह-
राक्षस-विरुद्ध-प्रत्युह-क्रुद्ध-कपि-विषम-हूह,
विच्छुरित-वह्नि-राजीवनयन-हत-लक्ष्य-बाण,
लोहित लोचन रावण मदमोचन-महीयान
राघव-लाघव-रावण-वारण-गत-युग्म प्रहर,
उद्धत-लंकापति-मर्दित-कपि-दल-बल-विस्तर,

---

1. दे., नवलकिशोर : मानववाद और साहित्य : पृ. 108

अनिमेष राम-विश्वजिट्दिव्य-शर-भग-भाव,-
विद्धांग-वद्ध-कोदण्ड मुष्टि-खर-रुधिर-स्राव,
रावण-प्रहार-दुर्वार विकल-वानर-दल-बल,-
मूर्च्छित-सुग्रीवांगद-भीषण-गवाक्ष-गप-नल,-
वारित-सौमित्र-भल्लपति-अगणित-मल्ल-रोध
गर्जित-प्रलयाब्धि-क्षुब्ध-हनुमत्-केवल-प्रबोध,
उद्गीरित-वह्नि-भीम-पर्वत-कपि-चतुःप्रहर,-
जानकी-भीरु-उर-आशा-भर,—रावण सम्बर।

निराला की उपर्युक्त पंक्तियों में हम शब्द की ध्वनि को सुनते हैं। निराला की अनेक कविताओं में यह विशेषता खास तौर से रेखांकित की जा सकती है। हमारे यहाँ कविता को 'मंत्र' के रूप में स्वीकार किया गया है और विश्व की प्राचीनतम कविता जो 'ऋग्वेद' के रूप में उपलब्ध है, मंत्र-कविता ही मानी गयी है। कविता के शब्द का ध्वनि के रूप में गहरा असर होता है, इसमें संदेह नहीं है क्योंकि अंततः और अंतिम विश्लेषण में वह ध्वनि ही होता है और इस ध्वनि प्रभाव के कारण भी उसका अनुवाद एक कठिन व्यापार हो जाता है। कविता के बहुत से विचारक कविता में शब्द को बहुत महत्त्व देते हैं क्योंकि शब्द को खो देने का मतलब अर्थ को खो देना है। अज्ञेय के अनुसार, "काव्य सबसे पहले शब्द है और सबसे अंत में भी यही बात बच जाती है कि काव्य शब्द है।" मलार्मे ने कहा था कि कविता विचारों से नहीं, शब्दों से बनती है। ऐसे विचारकों के अनुसार कविता का अर्थ शब्दों की ध्वनियों और उनके संयोजन से फूटता है। शब्द को उसकी ध्वनि से अलग नहीं किया जा सकता। इस संदर्भ में टी. एस. इलिएट का उल्लेख भी प्रासंगिक है जिनके अनुसार काव्य का संगीत उसके अर्थ से अलग नहीं है। काव्य का संगीत केवल उसके शब्द से संबंधित नहीं है। वह अर्थ-सापेक्ष है।

संस्कृत आचार्यों ने काव्य में शब्द को बहुत महत्त्व दिया है किंतु उन्होंने शब्द को साध्य नहीं माना है। उनकी दृष्टि अर्थप्रधान रही है। उन्होंने अर्थ को ध्यान में रखते हुए शब्द पर विचार किया है। शब्द के द्वारा जो प्रतीत होता है वही उसका अर्थ है। मम्मट आदि आचार्यों ने अर्थ को ध्यान में रखकर ही शब्द को तीन प्रकार का—वाचिक, लाक्षणिक और व्यंजक—माना है और उसके तीन अर्थ भी—वाच्य, लक्ष्य और व्यंग्य—किए हैं। हाँ, इन आचार्यों ने शब्द की सत्ता को बराबर रेखांकित किया है। आनन्दवर्द्धन ने सटीक शब्द या सही शब्द को, जिसका कोई पर्याय न हो, ध्वनि शब्द कहा है—

उक्त्यान्तरेणा शक्ये मत्तच्चारुत्वं प्रकाशयन्
शब्दो व्यंजकता विभ्रद् ध्वन्युक्तेर्विषयी भवेत्।

कुंतक भी कहते हैं कि किसी अर्थ का वाचक कोई एक ही शब्द होता है। कवि

को ऐसे ही शब्द की तलाश करनी चाहिए। सूक्ष्म दृष्टि से विचार किया जाये तो शब्दों के पर्याय अलग अर्थ देते हुए दिखाई पड़ेंगे। अंग्रेज कवि कॉलरिज भी काव्य में इसी प्रकार के निश्चित अर्थ की अभिव्यंजना करने वाले शब्द को जरूरी मानते हैं।

वस्तुतः भारत में शब्द और अर्थ की चारुता पर बहुत गंभीर विवेचन हुआ है। अपनी-अपनी रुचि-भेद के कारण दो तरह के रसज्ञों की कोटियाँ दिखाई पड़ती हैं। एक वर्ग उनका है जो शब्द की चारुता को महत्त्व देते हैं और दूसरा वर्ग उनका जो अर्थ की चारुता को। वस्तुतः काव्य का सौंदर्य तो सही-सही तभी संपूर्ण माना जायेगा जब वह शब्द या अर्थ में अलग-अलग लक्षित न किया जा सके। कुंतक के अनुसार शब्द या अर्थ दोनों की परस्पर स्पर्धी चारुता ही काव्य है। वे केवल शब्द में या केवल अर्थ में काव्यत्व नहीं मानते बल्कि दोनों के सम्मिलित वैशिष्ट्य से उत्पन्न स्पर्धी चारुता में कवित्व देखते हैं। शब्द और अर्थ का यह सम्यक, सानुपातिक, समुचित संयोग ही सौंदर्य है। यही औचित्य है।

कविता का सौंदर्य या कवित्व का सच उसके संघटन में होता है—शब्द और अर्थ के संघटन में। इसी को कालिदास ने 'वागर्थाविव सम्पृक्तौ' कहा है। इसी को तुलसी ने 'गिरा अरथ जल बीचि सम कहियत भिन्न न भिन्न' कहा है। संस्कृत का सारा काव्यशास्त्र इसी शब्द और अर्थ को केन्द्र में रखता है। चाहे शब्द-शक्तियों की चर्चा हो या अलंकारों की या गुण-दोषों की या साधारणीकरण की भी। सर्वप्रथम आचार्य भामह ने शब्द और अर्थ के साथ 'सहित' शब्द का प्रयोग किया था। आचार्य भामह ने काव्य का लक्षण इस प्रकार दिया है—'शब्दार्थो सहितौ काव्यम्' (काव्यालंकार), दंडी ने 'इष्टार्थव्यवच्छिन्न पदावली काव्यम्' (काव्यादर्श) कहकर पद और अर्थ का सहसंबंध स्वीकार किया है। रीति सम्प्रदाय के प्रवर्तक वामन ने 'काव्यशब्दोऽयं गुणालंकार संस्कृतयोः शब्दार्थयोर्वतते' तथा रुद्रट ने 'शब्दार्थो काव्यम्' कहकर इसी को स्वीकार किया है। कुंतक काव्य का लक्षण इस प्रकार बताते हैं—

> शब्दार्थो सहितौ, वक्र-कवि-व्यापार-शालिनी।
> बंधे व्यवस्थितौ, काव्यं तद्विदाह्लादकारिणि।।

इस प्रकार लगभग सभी संस्कृत काव्यशास्त्री शब्द और अर्थ के सामंजस्य को काव्य कहते हैं।

3

भाषा की एक सीमा होती है। कवि अपने इंद्रिय-ग्राह्य बिंबों को अपने भीतर की स्मृति और कल्पना के योग से अपनी जिन विशिष्ट अनुभूतियों, अपने अनंत आवेगों के सूक्ष्म विशिष्ट रूपों को व्यक्त करना चाहता है, उन्हें उसी रूप में समष्टि चित्त

तक पहुँचाना एक कठिन कार्य है। शब्द प्रतीक होते हैं। वे मनुष्य की संपूर्ण इच्छाशक्ति को उसके संपूर्ण रूप में कभी सम्प्रेषित नहीं कर पाते। यहाँ मुझे ग़ालिब के एक भिन्न संदर्भ का शे'र बरबस याद आता है—

सब कहाँ कुछ लाला-ओ-गुल में नुमायाँ हो गईं,
खाक में क्या सूरतें होंगी, कि पिनहाँ हो गई।

कवि अपनी विशिष्ट अनुभूतियों को साधारणीकृत करना चाहता है किंतु पाठक उनके सामान्य अर्थ ही ग्रहण कर पाता है। शब्दों की यह सीमा है। भाषा समाज-स्वीकृत होती है। उसमें जो व्यक्त होता है वह सामान्य अर्थ का ही बोध करा पाता है। समष्टि-चित्र की स्वीकृति प्राप्त करते-करते शब्द जातिवाचक सामान्य शब्द हो जाते हैं। हरे रंग की हजारों चीजें हैं और सबकी हरियाली में निश्चय ही अंतर है। गोवा की हरियाली और दिल्ली की हरियाली और पहलगाम या कुल्लू घाटी की हरियाली में बहुत फर्क है। लेकिन हमारे पास उस रंग के लिए एक ही शब्द है—'हरा'। आम भी मीठा होता है और केला भी। दोनों की मिठास में निश्चय ही अंतर है पर दोनों के लिए हमारे पास एक ही शब्द है—'मीठा'। यह हमारी भाषा की सीमा है। कवि भाषा की इसी सीमा से टकराता है। इसी को भाषा और अनुभव का द्वंद्व कहते हैं। भाषा की सीमा को तोड़ने के लिए ही कवि अप्रस्तुतों का विधान करता है। उपमा का, उत्प्रेक्षा का, काकुओं और वक्रोक्तियों का सहारा लेता है। नये शब्दों की रचना न भी कर सके तो शब्दों में नया अर्थ भरना चाहता है।

शब्द के दो स्तर होते हैं—विशिष्ट और सामान्य। वह एक स्तर पर व्यक्तिगत होता है और दूसरे पर सामाजिक। कवि जब किसी शब्द का प्रयोग करता है तो उसमें उसके अपने अनुभवों का साहचर्य-लोक होता है। पाठक जब उस शब्द को ग्रहण करता है तो अपनी निजी संवेदनशीलता और अनुभव के साथ। शब्दों की विविध अर्थच्छवियाँ होती हैं। उनकी अलग व्याप्ति और गहराई होती है। अतः शब्दों के संदर्भ में प्रयोक्ता के अर्थ और ग्रहीता के अर्थ में अंतर स्वाभाविक है। उदाहरण के लिए बहादुरशाह जफर जब अपनी मशहूर गजल में कहते हैं—"कितना है बदनसीब जफर"--तो यहाँ 'बदनसीब' शब्द की गहराई को थाहना सरल नहीं है। अपने को बदनसीब वह भी कहता है जिसे विश्वविद्यालय की रीडरी या प्रोफेसरी नहीं मिली या जिसे अपने मुहल्ले की सुंदरी नहीं मिली। लेकिन बहादुरशाह जफर की इस गजल में प्रयुक्त 'बदनसीब' शब्द की गहराइयों में वही झाँक सकता है जो यह जानता हो कि 22 सितंबर, 1857 को हडसन ने बहादुरशाह जफर के दो शाहजादों को गोली से उड़ा दिया था और उनके सिर कटवाकर, थाल में सजाकर तोहफे के रूप में उनके सामने भिजवा दिये था। हिंदोस्तान का यह अंतिम मुगल सम्राट जब 87 वर्ष की अवस्था में 7 नवंबर, 1862 को अपने वतन से दूर रंगून में अंतिम साँसें ले रहा था तो यह सोचते हुए कि जिस देश का वह शाहंशाह था,

उस देश की जमीन पर उसकी कब्र के लिए दो गज जमीन का टुकड़ा भी मयस्सर न हुआ। जफर के लिए 'बदनसीब' शब्द का यह अर्थ था। निराला जब कहते हैं–"मरा हूँ हजार मरण। पाई तव चरण-शरण"–तो उनके इस 'हजार मरण' को वह आदमी कभी नहीं समझ सकता जिसे उत्तराधिकार में सिंहासन मिल जाता है। सूर जब कहते हैं–"और सकल अँगन ते ऊधो अँखियाँ अधिक दुखारी"–तो उनकी आँखों की पीड़ा तक आँख वालों का पहुँच पाना बहुत मुश्किल हो जाता है। मेरे कहने का यह आशय नहीं है कि सूर की पीड़ा तक पहुँचने के लिए किसी पाठक को अपनी आँखें फोड़ लेनी चाहिए। मैं सिर्फ यह रेखांकित करना चाहता हूँ कि भाषा की अपनी सीमाएँ होती हैं। इसीलिए कविता के आस्वाद के लिए सहृदय को प्रमाण माना गया है। जो कवि की अनुभूतियों तक ठीक-ठीक पहुँचने की सामर्थ्य रखते हैं उन्हीं को 'सहृदय' कहा गया है। आचार्य अभिनवगुप्त के अनुसार सहृदय वह है जिसके मन-मुकुर में काव्य के साथ तन्मय होने की योग्यता होती है। अंग्रेजी में एक कहावत है–'ए मिल्टन इज रिक्वायर्ड टु अन्डरस्टेण्ड ए मिल्टन।'

किसी कविता में जो पाठक पाता है वह ठीक-ठीक वही नहीं होता जो कवि ने देना चाहा है। वह उसके आसपास होता है। कभी-कभी उससे दूर भी होता है। हर पाठक अपने संस्कार, अपनी बौद्धिक क्षमता, अपनी संवेदनशीलता, अपनी परिस्थिति के अनुसार ही कविता का अर्थ ग्रहण करता है। एक ही कविता अलग-अलग मनःस्थितियों में पढ़ते हुए अलग-अलग अर्थ देने लगती है। जो लोग रामप्रसाद बिस्मिल की शायरी–'सरफरोशी की तमन्ना अब हमारे दिल में है' पढ़ते हुए फाँसी के फंदों में झूल गये या जो लोग 'रामचरितमानस' की पंक्तियाँ पढ़ते हुए भयानक हिंस्र जंगल पार कर जाते हैं उनके लिए इन कविताओं का अर्थ और मूल्य वही नहीं होता जो सामान्य पाठक के लिए होता है। शब्द में अनुभव की अनेक अर्थच्छायाएँ होती हैं। उन्हें अंतिम रूप से जान लेने का दावा करना व्यर्थ है। किसी पाठक का यह कहना कि उसने किसी कविता का ठीक-ठीक निश्चित अर्थ या कवि का ठीक-ठीक मंतव्य अंतिम रूप से जान लिया है, सही नहीं है। काल के अंतराल से भी शब्दों के अर्थ बदल जाते हैं। आज यह निश्चित रूप से कहना कठिन है कि हम 'रामचरितमानस' का ठीक-ठीक वही अर्थ समझते हैं जो तुलसीदास के समकालीन समझा करते थे। हर युग को महान कृतियों से अपना अलग अर्थ मिलता रहता है और कविता जिस अर्थ में पाठक को सम्प्रेषित होती है वही उसका अर्थ है। तो यह संदर्भगत अनेकार्थता काव्य-भाषा की एक विशेषता होती है। एमसन [Empson] ने 1930 ई. में 'सेविन टाइम्स आफ एम्बिग्युइटी' नामक पुस्तक लिखकर काव्य-भाषा के विभिन्न अर्थ-स्तरों को महत्त्व देते हुए अनेकार्थता और स्पष्टता को भी काव्य-भाषा का गुण बताया। कविता अनेकायामी होती है। वह गद्य भाषा और सामान्य भाषा के स्थूल, तात्कालिक अर्थ का अतिक्रमण करती है। फिराक की एक

प्रसिद्ध गजल के कुछ शे'र इस प्रकार हैं—

गजल के साज उठाओ बड़ी उदास है रात,
नवा-ए-मीर सुनाओ बड़ी उदास है रात।

अभी तो जिक्रे-सहर दोस्तो है दूर की बात,
अभी तो देखते जाओ बड़ी उदास है रात।

सुना है पहले भी ऐसे में बुझ गये हैं चराग
दिलों की खैर मनाओ बड़ी उदास है रात।

इसी खँडर में कहीं कुछ दिये हैं टूटे हुए
इन्हीं से काम चलाओ बड़ी उदास है रात।

किसी भी काल की कोई पराजय, कोई बड़ी उदासी इस गजल में झंकृत हो जायेगी। इसे आप चीन के हमले की रात भी गुनगुना सकते हैं, इंदिरा गाँधी की हत्या की रात (जब भयानक कत्लेआम शुरू हो गये थे) भी और अपने किसी अत्यंत प्रिय के विछोह के समय भी आपको राहत मिलेगी।

भाषा मनुष्य को उत्तराधिकार में मिली होती है। उसी भाषा में वह अपने अतीत को, अपनी परंपरा को, अपने इतिहास को जीता है। लेकिन कवि और रचनाकार इस भाषा को सामान्य आदमी की तरह नहीं जीता। वह अपनी सर्जनात्मक ऊर्जा से भाषा की जड़ता को तोड़कर उसे अधिक अर्थवान, अधिक व्यापक बनाने की कोशिशें करता है। वह भाषा को जो लक्षणा और व्यंजना शक्ति देता है वही बाद में बार-बार प्रयुक्त होकर सामान्य भाषा में भी आ जाती है लेकिन सामान्य भाषा में वह अपने रूढ़ और जड़ रूप में ही होती है। उसका प्रभाव श्रोता पर उसी प्रकार नहीं पड़ता जैसे किसी मनोरम पर्वत प्रदेश में रहने वाले व्यक्ति पर उस प्रदेश की मनोरमता का कोई खास असर नहीं होता। कुल्लू घाटी में धड़कने वाली विपाशा का जो प्रभाव किसी कलाकार सैलानी पर पड़ता है वही वहाँ के स्थायी निवासी पर नहीं पड़ता। कवि भाषा को ऐसी जीवंत शक्ति देता है जो परिचित को भी नव्य बनाकर अनुभूतियों को एक नया धरातल प्रदान करती है।

रिचर्ड्स के अनुसार प्रकथन की दो स्पष्ट प्रतीक-पद्धतियाँ हैं—एक, जिसका संबंध भाषा के संकेतार्थ[Reference] पक्ष के साथ रहने के कारण अर्थ की सत्यता अथवा असत्यता का बोध कराता है और दूसरा, जो उन अनुभवों एवं कवि के दृष्टिकोण को व्यक्त करता है जिसे एक विशेष संदर्भ में एक विशेष ढंग से भाषा उद्‌बुद्ध करती है। पहला, भाषा का वैज्ञानिक अथवा तर्कसिद्ध रूप है और दूसरा, भाषा का भावात्मक [Emotive] अर्थात् काव्यसिद्ध रूप। कवि की अपनी दृष्टि और

अनुभूति की प्रेरणा से अनुप्राणित होने के कारण काव्यभाषा भावात्मक होती है जबकि विज्ञान की तटस्थ दृष्टि और सिद्धांत विशेष से बाधित होने के कारण तर्कभाषा की प्रकृति संकेतात्मक है। एमसन [Empson] के अनुसार काव्य-भाषा की प्रतीक-पद्धति प्रत्यय [Concept] और अभिव्यक्ति [Expression] के संबंध को लचीला बनाने के प्रयत्न में अर्थ को विकल्प के रूप में ग्रहण करती है जबकि तर्क भाषा में इस संबंध को रूढ़ और निश्चित बनाने के कारण अर्थ में विकल्प की संभावना ही नहीं रहती; विकल्प की स्थिति में रहने के कारण काव्यभाषा में संदिग्धार्थता और अनेकार्थता रहती है जो कविता में काव्यात्मकता को जन्म देती है जबकि तर्कभाषा निर्विकल्प होने के कारण एकार्थी प्रकथन के समान होती है। रैनसम [Ransom] के अनुसार काव्य-भाषा भी अपने भीतर तर्कप्रधान, बौद्धिक और गद्यात्मक अर्थ अंतर्निहित किए रहती है पर मूलतः वह काव्य-भाषा इसलिए है कि अर्थ और ध्वनि-संयोजन के अंतर्विरोध एवम् उनके बीच के तनाव के फलस्वरूप उसमें अबौद्धिक अनिर्णीत एवं अतर्क्य अर्थ का भी समावेश रहता है।[1] क्लीन्थ ब्रुक्स ने स्पष्ट कहा है कि काव्यभाषा का मूलतत्त्व विरोधाभास है और कविता की भाषा विरोधाभास की भाषा होती है।[2]

यह सही है कि भाषा संप्रेषण का माध्यम है—अपने को व्यक्त करने और दूसरे को जानने का। लेकिन वाल्टेयर का यह कथन भी उतना ही सही है कि 'ईश्वर ने मनुष्य को भाषा इसलिए दी है कि वह अपने को अभिव्यक्त न कर सके।' मनुष्य अपने को भाषा में व्यक्त ही नहीं करता, छिपाता भी है। भाषा में दोनों शक्तियाँ होती हैं—उद्‌बोधिनी और आच्छादिका। जीवन जैसे-जैसे कृत्रिम और जटिल होने लगता है, भाषा की आच्छादिका शक्ति से ज्यादा काम लिया जाने लगता है। आदि मानव भाषा की इस शक्ति से परिचित नहीं था। वह भाषा का आविष्कार अपने को अधिक से अधिक व्यक्त करने के लिए कर रहा था। आज भी आदिम जातियों के लोग अपनी भाषा से छिपाने का काम नहीं लेते। सभ्य लोग लेते हैं। किसी बुरे लक्ष्य से छिपाना कुटिलता है, विश्वासघात है लेकिन किसी ज्यादा अर्थवान, शुभ या मंगल के लक्ष्य से छिपाना कला है। कविता अपने को व्यक्त करने की ही नहीं, छिपाने की भी कला है।

एक कलाकृति या कविता की यह विशेषता होती है कि वह कुछ कहती है, कुछ छिपाती है। कुछ कलाकार या कवि का मौन होता है जो उस कविता या कला में छिपा होता है। इसीलिए कविता या कला को रहस्यमय भी कह दिया जाता है। कोई भी श्रेष्ठ कलाकृति एक नहीं, अनेक अर्थ उद्‌घाटित करती है। उसकी इस

1. दे., रवीन्द्रनाथ श्रीवास्तव : शैली विज्ञान और आलोचना की नयी भूमिका, पृ. 39-40.
2. दे., द वेल रॉट अर्न

अनेकार्थता के कारण भी कुछ लोग उसे अस्पष्ट या रहस्यमय कह देते हैं। किसी महत्त्वपूर्ण कविता या महान काव्य का अर्थ एक बार पढ़ लेने पर ही सम्पूर्ण रूप से प्राप्त नहीं हो जाता। उसे कई बार पढ़ना पड़ता है और उससे अर्थ की अनेक संभावनाएँ प्रकट होती हैं। कविता उन वस्त्रों की तरह है जो वास्तविकता को कहीं छिपाकर, कहीं उघाड़कर, कहीं सजाकर और भी सुन्दर बनाते हैं। संस्कृत के किसी कवि ने कहा है—"काव्यार्थ न तो आंध्र की रमणियों के पयोधरों के सामान पूरा खुला होता है न गुर्जर रमणियों के स्तनों के समान पूरा ढका। वह महाराष्ट्र की स्त्रियों के कुचों के समान कुछ खुला और कुछ ढका होकर ही सुन्दर लगता है।[1] अंग्रेज कवि कॉलरिज कहते हैं कि कविता का आनन्द सबसे अधिक तब मिलता हैं जब वह सामान्यतः समझ में आती है, पूर्णतः नहीं।[2] किसी अज्ञात अनाम कलाकार द्वारा गढ़ी गयी वीनस-डि-मिलो की मूर्ति अब बहुत लोकप्रिय हो चुकी है। इसकी अनुकृति भारतीय घरों और दूकानों में भी प्रायः दिख जाती है। यह संगमरमर की युवा नारी मूर्ति है जो नाभिकुण्ड के ऊपर नग्न और नीचे वस्त्रों में लिपटी है। अगर यह मूर्ति बिल्कुल नंगी होती तो उतनी आकर्षक और सुन्दर न होती जितनी इस अर्द्धनग्न (Half revealed and half concealed) रूप में दिखाई पड़ती है। इस मूर्ति के दोनों हाथ टूटे हुए हैं। इन टूटे हाथों की अर्थवत्ता सही-सलामत हाथों से ज्यादा ही है। इसीलिए कुछ कला-पारखियों का अनुमान है कि मूर्तिकार ने इस मूर्ति के हाथ बनाये ही नहीं। कला में एक तरह की अपूर्णता, अपूर्ण अभिव्यक्ति, उसे पाठक की कल्पना में डालकर अलग हो जाती है। इससे कला बहुआयामी हो जाती है। उसकी अस्पष्टता और रहस्यमयता उसके सौन्दर्य को बढ़ा देती है। लियोनार्दो द विंची के विश्वप्रसिद्ध चित्र मोनालिसा के आकर्षण का भी यही कारण है। उसकी मुस्कान कला-पारखियों के लिए एक अबूझ पहेली बनी हुई है।

वस्तु की जटिलता या सरलता के साथ ही कविता भी जटिल या सरल होती है। आज का जीवन जिस तरह जटिल हो गया है, उसे उसकी समग्रता में पकड़ने के लिए कविता का भी किंचित दुरूह होना स्वाभाविक है। जब भी कवि जीवन को बने-बनाये ढाँचे से अलग नयी दृष्टि से देखने की कोशिश करेगा, उसकी कविता में किंचित दुरूहता पैदा हो सकती है। कभी-कभी कवि को लगता है कि भाषा उसकी अपनी अभिव्यक्ति के लिए अपर्याप्त हो रही है, वह नयी भाषा, नये शब्द गढ़ने की कोशिशें करता है। इसका असर उसकी कविता पर पड़ता है। लेकिन कवि

---

1. नान्ध्रोपयोधर इवातितरां प्रकाशः नो गुर्जरीस्तन इवातितरां निगूढ़ः।
अर्थोगिरामपिहितः पिहितश्च कश्चित् सौभाग्यमेति मरहट्ठ-वधू कुचाभः
2. Poetry gives most pleasure when only, generally understood and not perfectly—Biographia Literaria.

क्या व्यक्त करना चाहता है, इसकी जानकारी उसे स्वयं होनी चाहिए। कवि अपने को अपने भीतर ही सबसे पहले अभिव्यक्त करता है। यदि वह ऐसा नहीं कर पाता तो उसकी अभिव्यक्ति अस्पष्ट हो जाती है और यह किसी भी कविता की कमजोरी है। अंततः कविता निजी अभिव्यक्ति के साथ एक सामाजिक संप्रेषण भी है।

4

संस्कृत के आचार्यों ने गद्य और पद्य में कोई मौलिक अंतर स्वीकार नहीं किया है। उन्होंने छंद के आधार पर गद्य और पद्य जैसे भेद तो किये पर काव्य के लिए सरसता और रमणीयता को कसौटी माना। सरसता और रमणीयता हो तो गद्य भी काव्य है और यह न हो तो काव्य भी गद्य है। इसी आधार पर संस्कृत के प्रसिद्ध गद्यकार बाणभट्ट महाकवि कहे जाते हैं। अरस्तू भी काव्य के लिए छंद को अनिवार्य नहीं मानते। उनके अनुसार किसी रचना का गद्य या पद्य में होना उसके काव्यत्व की कसौटी नहीं है। यदि उसका प्रयोजन आनंद है तो वह काव्य है। यदि सूचना या ज्ञान मात्र है तो वह काव्य नहीं है। अंग्रेजी कवि वर्ड्सवर्थ भी 'लिरिकल बैलेड्स' की अपनी प्रसिद्ध भूमिका में गद्य और काव्य की भाषा में कोई तात्त्विक भेद नहीं मानते। अच्छे गद्य तथा छंदोबद्ध रचना में उनके अनुसार कोई भेद न है और न हो सकता है।[1] वर्ड्सवर्थ की मान्यता का जोरदार खंडन उनके मित्र और सहयोगी कवि कॉलरिज ने किया। उन्होंने 'बायोग्राफिया लिटरेरिया' में कहा कि गद्य और छंदोबद्ध रचना की भाषा में समुचित और अनिवार्य भेद होता है और होना चाहिए।

सार्त्र ने कविता और गद्य का अंतर बताते हुए[2] कहा है कि कविता ध्वनि और बिंबविधान में दिलचस्पी रखती है, विचारों में नहीं। वैचारिक प्रतिबद्धताओं को तो गद्य के माध्यम से ही व्यक्त किया जा सकता है। सार्त्र के अनुसार कविता को चित्रकला, मूर्तिकला और संगीतकला के साथ रखा जायेगा। उनके अनुसार यदि हम शब्दों को प्रतीक मानकर चलें या उन्हें वस्तु मानकर चलें तो इन दोनों स्थितियों में अंतर पड़ेगा। गद्य का क्षेत्र प्रतीकों का क्षेत्र है। कविता और गद्य के बारे में सार्त्र का यह कथन सही नहीं है। कविता में भी वैचारिक प्रतिबद्धताएँ उसी प्रकार व्यक्त की जा सकती हैं जैसे गद्य में।

वस्तुतः गद्य की भाषा नितांत प्रयोजनवती भाषा होती है। जैसे-जैसे मनुष्य की जरूरतें बढ़ी होंगी अपने विविध प्रयोजनों की सिद्धि के लिए उसकी भाषा कामचलाऊ और गद्यात्मक हुई होगी। भाषा व्याकरण और वाक्यविन्यास की व्यवस्था

---

1. There neither is nor can be any essential difference between the language of prose and metrical composition. —preface to lirical ballads
2. See, —What is literature : Sartre

में बँधकर मानवीय प्रयोजनों को पूरी करने लायक बनती है। इसके अतिरिक्त वह लोक की कार्य-कारण व्यवस्था में भी बँधी होती है—तर्कश्रृंखला में चुस्त-दुरुस्त। काव्य की भाषा सिर्फ इतनी ही नहीं होती, इससे कुछ ज्यादा होती है। वह गद्य भाषा की व्याकरण-व्यवस्था को और लोक की कार्य-कारण व्यवस्था को भी तोड़ने वाली होती है। 1976 में मैं चित्तौड़ गया था। उस महान किले के खँडहरों में एक स्थल की ओर इशारा करते हुए मेरे गाइड ने कहा—''बाबूजी, यहीं माता पद्मिनी ने 'अगिन अस्नान' किया था।'' 'अगिन अस्नान' अर्थात् 'अग्नि स्नान'। यह शब्द मेरे कान में पहली बार पड़ा था और पहली बार मैंने अनुभव किया था कि किस प्रकार एक शब्द एक मनुष्य की संपूर्ण सत्ता को झनझना देता है। 'पद्मिनी ने जौहर किया था' या 'पद्मिनी ने प्राण उत्सर्ग किये थे' या 'पद्मिनी जल मरी थी' या 'पद्मिनी सती हो गयी थी'—आदि अभिव्यक्तियों में कोई विशिष्टता नहीं है। लेकिन 'पद्मिनी ने अगिन अस्नान किया था'—यह एक विशिष्ट अभिव्यक्ति है। यह केवल इसलिए विशिष्ट नहीं है कि एक बिंबविधान करती है बल्कि इसलिए भी विशिष्ट है कि 'अग्नि स्नान' लोक में एक असंभव व्यापार है। भाषा जो व्याकरण और लोक-व्यवस्था में बँधकर अर्थ देने वाली होती है, कभी-कभी उस व्यवस्था को छिन्न-भिन्न करके ज्यादा अर्थवान हो उठती है। कविता में यह व्यवस्था सबसे ज्यादा छिन्न-भिन्न होती है। वास्तव में कविता मनुष्य की चेतना की अतल गहराइयों में होने वाले तीव्र उद्वेलनों से पैदा होती है। इसीलिए वहाँ से जो भाषा जन्म लेती है वह कभी-कभी आदिम भाषा का संस्कार लिये होती है। विकसित भाषा की व्याकरण-व्यवस्था या तर्कसरणि उसे अपर्याप्त लगती है, इसलिए वह उसको तोड़ती हुई बहुत कुछ ऐसा कह जाती है जो बोलचाल की भाषा या कामचलाऊ भाषा या गद्य की भाषा में नहीं कहा जा सकता।

कविता की भाषा सामान्य भाषा की तरह मात्र संप्रेषण का माध्यम नहीं होती बल्कि वह उससे ज्यादा होती है। अखबार की भाषा, जो संप्रेषण का माध्यम है, रोज पुरानी पड़ जाती है लेकिन कविता की भाषा रोज पुरानी नहीं पड़ती। सामान्य भाषा काव्यार्थ-प्रधान होती है जबकि काव्य-भाषा लक्ष्यार्थ और व्यंग्यार्थ प्रधान। इसीलिए काव्य-भाषा में अनेकार्थता होती है। कविता में शब्दों को भीड़ से अलग करके विशिष्ट बनाकर रखा जाता है। यहाँ वे उसी तरह नहीं रखे जाते जैसे गद्य के पैराग्राफ या अखबारी रिपोर्ट या बातचीत में रखे जाते हैं। जैसा कि एजरा पाउन्ड ने कहा है कविता में हर शब्द अर्थ से लैस होता है—Chared with meaning. साधारण अर्थ-क्षमता से अधिक अर्थसम्पन्न कविता की भाषा रूपकात्मक होती है। गद्य भाषा भी कभी-कभी काव्य-भाषा की विशेषताएँ लेकर आती है जैसे हिंदी में रेणु की भाषा या अज्ञेय के 'शेखर : एक जीवनी' और 'नदी के द्वीप' की भाषा या निर्मल वर्मा की कुछ कहानियों की भाषा। लेकिन ऐसा कम देखने में आता है।

गद्य में शब्द-विन्यास में व्यवस्था रहती है लेकिन छंद और लय का निर्वाह करने के कारण कविता में शब्द-विन्यास का क्रम बदल जाता है। फ़ैज अहमद फ़ैज़ के शब्दों में, ''नस्र कहते हैं बिखरने को और नज्म कहते हैं यकजा करने को। नस्र और नज्म में बुनियादी फर्क तो यही है कि नस्रनवीस को आजादी है कि वह अपने खयालात बखेर दे और जैसे उसका जी चाहे वह लिखे। नज्म पर यह पाबंदी है कि वह उसको किसी जाब्ते (उसूल), किसी लाइन, किसी दस्तूर के मातेहत लाये।''[1] फ्रांसीसी कवि पालवेलरी के अनुसार 'पोयट्री' और 'प्रोज' में वही अंतर है जो नाचने और चलने में। नाचने वाला कहीं जाता नहीं, वहीं रहता है, फिर भी बहुत सी दूरी तय करता है।

1. दे., साक्षात्कार : जुलाई-अगस्त 1985

अंदाजे-बयाँ और

अपनी एक गजल में ग़ालिब लिखते हैं—

हैं और भी दुनिया में सुखनवर बहुत अच्छे,
कहते हैं कि ग़ालिब का है अन्दाजे-बयाँ और।

इसमें 'और' शब्द गौर करने लायक है। इसी को बिहारी 'औरे कछू' कहते हैं—

अनियारे दीरघ दृगनु किती न तरुनि समान।
वह चितवनि औरे कछू जिहिं बस होत सुजान।।

इस 'और' या 'औरे कछू' को काव्यशास्त्रीय चिंतन, खास तौर से भारतीय काव्यशास्त्रीय चिंतन में बहुत महत्त्व दिया गया है। काव्य में 'कुछ अतिरिक्त' होना चाहिए। 'कुछ विशेष', 'कुछ आसाधारण', 'कुछ नया'। इसी को ध्वन्यालोककार आनंदवर्द्धन 'प्रतीयमान अर्थ' कहते हैं। इसी को वक्रोतिजीवितकार कुंतक 'वक्र' शब्द कहते हैं। इसी को अंग्रेजी के आलोचक एक्सट्रा मीनिंग [Extra meaning] कहते हैं।

शब्दार्थ के संबंध में भारतीय काव्यशास्त्रियों और वैयाकरणों ने बहुत सूक्ष्म विवेचन किए हैं। अभिधा, लक्षणा और व्यंजना के द्वारा अर्थ के सभी स्तरों और भंगिमाओं को खोजने की कोशिश की गई है। शब्दार्थ की तीसरी स्थिति अर्थात् व्यंजना या अर्थ के व्यंग्य को ही आनंदवर्द्धन ने प्रतीयमान अर्थ कहा है और इसे प्रत्यंग सौंदर्य से भिन्न लावण्य के उपमान द्वारा समझाया है—

प्रतीयमानं पुनरन्यदेव वस्त्वस्ति वाणीसु महाकवीनाम्।
यत्रप्रसिद्धावयवातिरिक्तं विभाति लावण्यमिवाँगनासु।।

यह 'प्रतीयमान' ही काव्य की आत्मा है। यही चारुता है। यही सौंदर्य है। इसी से सहृदय आह्लाद का अनुभव करता है। आनंदवर्द्धन के अनुसार काव्य वह शब्दार्थ है जिसमें सहृदय का हृदय आह्लाद का अनुभव करे—''सहृदयहृदयाह्लादि

शब्दार्थमयत्वमेव काव्य लक्षणम्।'' महाकवियों की वाणी में जो 'कुछ अतिरिक्त' झलकता है वही आह्लाद का अनुभव कराता है। जैसे अँगनाओं में झलकने वाला लावण्य उनके अवयवों के अतिरिक्त है वैसे ही यह 'काव्यच्छाया' भी अतिरिक्त है। यह वही 'झिलमिलाती आभा' है जिससे जौहरी असली रत्न की पहचान करता है। भारतीय काव्यशास्त्रियों ने काव्य में सामान्य या साधारण की अपेक्षा 'विशेष' और 'असाधारण' को महत्त्व दिया। आनंदवर्द्धन ने कहा है कि यदि 'सामान्य' अर्थ को ही दृष्टि में रखकर काव्य-निर्माण होगा तो उसमें 'अतिशय' या 'विशेष' क्या होगा ? बिना 'अतिशय' या 'विशेष' के नयापन क्या होगा ? नयेपन के बिना रचना वैसे ही है जैसे ऊष्मा के बिना आग। जिस शब्द में विशिष्ट अर्थ का बोध कराने की क्षमता हो, वही काव्य का शब्द होगा। ऐसे ही शब्द को कुंतक 'वक्र' शब्द कहते हैं। उनके अनुसार कवि काव्य-वस्तु में निहित 'सूक्ष्म सुभग तत्त्व' को अपनी वाणी से उभार देता है और अमनोहर को भी मनोहर बना देता है–

लीनं वस्तूनि सेन सूक्ष्मसुभगंतत्त्वं गिरा कृष्यते
निर्मातुं प्रभवेन्मनोहरमिदं वाचैव योवा कविः।

आज के शैली-वैज्ञानिक इसे 'सामान्य कथन का अतिक्रम' कहते हैं। कवि अपनी काव्य-सामग्री जिस अनन्तरूपात्मक जगत से प्राप्त करता है उसका 'अन्यथाकरण' कर देता है। शैली-वैज्ञानिक इसी को 'डिस्टार्शन' या 'विचलन' कहते हैं। यह अतिक्रम या विचलन 'कुछ विशेष' के लिए, 'कुछ नवीनता' के लिए किया जाता है। इसी को काव्यमर्मी 'सांकेतिकता' भी कहते हैं। काव्य की सांकेतिकता ही 'कुछ और' है। 'औरे कछू' है।

कविता के लिए 'नयी' होना उसकी बुनियादी विशेषता है। इसका यह अर्थ नहीं कि कविता अपनी संपूर्ण परंपरा से अलग कुछ इतनी विशिष्ट और मौलिक होती है कि पहचानी ही न जाये। वास्तविकता तो यह कि मौलिकता कोई चीज होती ही नहीं है। अंग्रेजी में एक कथन है–आल ओरिजिनलटी इज एन अनडिटेक्टेड थेफ्ट [All originality is an undetected theft] । टी. एस. इलिएट के अनुसार वैयक्तिक प्रज्ञा [Individual talent] परंपरा से जुड़ी होती है। परंपरा से जुड़कर ही कवि अपनी वैयक्तिक प्रज्ञा को अधिक कुशलता से व्यक्त कर सकता है। इलिएट परंपरा को मृत या अनुपयोगी नहीं मानते। उनके अनुसार जिस तरह वर्तमान से अतीत प्रभावित होता है उसी प्रकार अतीत भी वर्तमान को निर्देशित करता है।[1] हिंदी के प्रसिद्ध कवि तुलसीदास अपने 'रामचरितमानस' को 'नानापुराण निगमागम धर्म सम्मत' कहते हैं। इससे उनकी कृति का मूल्य घटता नहीं, न उसकी मौलिकता और नवीनता क्षीण होती है। हर रचना अपने पूर्व और अपने समय की रचना से

1. The past should be altered by the present as much as the present is directed by the past.

किसी न किसी स्तर पर प्रभावित रहती है, इस बात को न स्वीकार करना रचनाकार की बेईमानी है। कवि जिस भाषा में लिखता है वह उसकी बनाई हुई नहीं होती। वह परंपरा से प्राप्त होती है जिसमें हजारों-हजार वर्ष के भरे गये स्वीकृत अर्थ होते हैं। इसलिए कवि एकदम नया कुछ नहीं कह सकता। वह काव्य-रूढ़ियों से, प्रतीकों से, परंपराप्राप्त अभिप्रायों से बँधा होता है। वह जिस दुनिया को देखता और अभिव्यक्त करता है उसे उसके पहले के कवि-कलाकार भी देख और व्यक्त कर चुके हैं। अतः उससे एकदम नयी अभिव्यक्ति की अपेक्षा व्यर्थ है। हाँ, उसकी अभिव्यक्ति में एक नयी चमक होती है। वह अपने अनुभव से अपनी भाषा को चार्ज [Charge] करके, पुनर्नवा बनाकर पेश करता है। चकबस्त का एक शे'र है–

जिंदगी क्या है अनासिर में ज़हूरे-तरतीब,
मौत क्या है इन्हीं अजज़ा का परीशाँ होना।

इसी को जिगर मुरादाबादी (या उनके उस्ताद असगर गोण्डवी) पुनर्नवा बनाकर इस प्रकार पेश करते हैं–

खास कुछ बेताबियों का नाम इन्सां पड़ गया,
वरना क्या रखा था तरतीबे-अनासिर के सिवा।

फारसी के मशहूर शायर बेदिल का एक शे'र है–

बू-ए-गुल, नालः-ए-दिल, दूदे-चिरागे़ महफ़िल,
हर कि अज बज़्मे–तो, बर्ख़ास्त परीशाँ बर्ख़ास्त।

इसी को ग़ालिब एक नयी चमक के साथ इस प्रकार कहते हैं–

बू-ए-गुल, नालः-ए दिल, दूदे-चिरागे़ - महफ़िल,
जो तिरी वज़्म से निकला वो परीशाँ निकला।

उर्दू कविता में 'दामन के चाक' और 'गरेबाँ के चाक' की बात तो तमाम कवियों ने की है मगर उसी पिटे-पिटाये मजमून को जब मीर कहते हैं तो एक नयी चमक के साथ–

अबकी जुनूँ में फासला शायद ही कुछ रहे,
दामन के चाक और गरेबाँ के चाक में।

मीर के इसी विशिष्ट अंदाज़ के लिए ज़ौक ने कहा है–"न हुआ न हुआ मीर का अंदाज नसीब"। और खुद मीर ने बड़े गर्व से कहा है–

देखो तो किस रवानी से कहते हैं शे'र मीर,
दुर से हजारचन्द है उनके सुखन में आब।

उर्दू कविता में मीर और ग़ालिब का अन्दाजेबयाँ अर्थ की नयी गहराइयों में, नयी भंगिमाओं में ले जाने वाला है। हिंदी कवि सूरदास एक ही बात को बार-बार दुहराते हैं लेकिन बात पुरानी नहीं होती। हर बार नयी लगती है। एक बार वे कहते हैं–'निशि दिन बरसत नैन हमारे' तो दूसरी बार कहते हैं–'सखी इन नैनन ते घन

हारे'। आँखों पर सैकड़ों पद सूर के हैं। सब अपने में अलग। गोपियाँ एक ही बात को बार-बार उद्धव से कहती हैं लेकिन ऐसा लगता है जैसे हर बार नयी बात कहती हैं। आचार्य शुक्ल ने सूर की इस विशेषता को रेखांकित करते हुए कहा है, "सूर में जितनी सहृदयता और भावुकता है प्रायः उतनी ही चतुरता और वाक्‌विदग्धता भी।" प्रतिभावान कवि अपने अन्दाजेबयाँ द्वारा, अपनी वाक्‌विदग्धता द्वारा कविता में नवीनता की सृष्टि करते हैं। जो कवि अपनी कविता में नयी अभिव्यक्ति, नयी चमक नहीं दे पाते वे प्रतिभावान नहीं होते। वे अभ्यास और निपुणता के बल पर कविता लिखते हैं। अधिकांश कवि इसी कोटि के होते हैं। प्रतिभावान कवि बिरले होते हैं और वे ही काल की सीमा लाँघकर कालजयी बनते हैं। प्रतिभा को कवि की तीसरी आँख कहा गया है। चीजों को हम सभी देखते हैं पर कवि का देखना अलग है। वह सामान्य को भी विशिष्ट बना देता है। फिराक कहते थे, लोग बड़ी-बड़ी चीजें देख लेते हैं लेकिन यह नहीं देख पाते कि उनके पैरों के नीचे की एक दूब कैसे सिर उठाती है। यह सूक्ष्म निरीक्षण कवि की विशेषता है। हजारों सैलानी प्रतिवर्ष पहाड़ों पर जाते हैं और देवदारु वनों की शोभा से प्रसन्न होते हैं। पर जिन आँखों से हजारीप्रसाद द्विवेदी उन देवदारुओं को देखते हैं और जिस प्रकार एक-एक देवदारु को उसकी जाति से अलग करके उसे उसका निजी व्यक्तित्व देते हैं वह दुर्लभ है। द्विवेदी जी लिखते हैं, "देवदारु भी सब एक से नहीं होते। मेरे बिल्कुल पास में जो है, वह जरठ भी है खूसट भी। जरा उसके नीचे की ओर जो है, वह सनकी सा लगता है। एक मोटे राम खड्ड के एक प्रांत पर उगे हैं, आधे जमीन में, आधे अधर में; आधा हिस्सा ठूँठ, आधा जगर-मगर; सारे कुनबे के पाधा जान पड़ते हैं। एक अल्हड़ किशोर है, सदा हँसता-सा; कवि जैसा लगता है। जी करता है इसे प्यार किया जाये। सदा से ऐसा होता आया है। हर देवदारु का अपना व्यक्तित्व होता है। एक इतना कमनीय था कि बैल की ध्वजा वाले महादेव ने उसे अपना बेटा बना लिया था। पार्वती माता की छाती से दूध ढरक पड़ा था। कालिदास खुद कह गये हैं। मगर कुछ लोग ऐसे होते हैं कि उन्हें 'सबै धान बाईस पसेरी' दिखते हैं। वे लोग सबको एक ही जैसा देखते हैं। उनके लिए वह खूसट, वह पाधा, वह सूम, वह सनकी, वह झिझोंटा, वह झबरैला, वह चपरगेंगा, वह गदरौना, वह खिटखिटा, वह झक्की, वह झुमरैला, वह धोकरा, वह नटखटा, वह चुनमुन, वह बाँकुरा, वह चौरंगी, सब समान हैं।"[1] गद्य का यह अंश उदाहरण है कि रचनाकार कितना सूक्ष्मदर्शी होता है और उसकी आँख सामान्य लगने वाली चीज को कितना विशिष्ट बना देती है—कितना सजीव, कितना व्यक्तित्वसम्पन्न।

ऊपर जिस 'अंदाजेबयाँ', 'वैदग्ध्यभंगी भणिति', 'विशेष', 'असाधारण', 'वक्र',

---

1. दे., 'देवदारु' शीर्षक निबंध : हजारीप्रसाद द्विवेदी।

'नवीन' आदि शब्दों की चर्चा हुई है उनसे 'उक्तिवैचित्र्य' या 'चमत्कार' का अर्थ नहीं लेना चाहिए। हमारे प्राचीन ग्रंथों में जहाँ कलाओं की चर्चा हुई है वहाँ काव्य की भी कला के रूप में गणना की गयी है। राजसभाओं या गोष्ठियों आदि में काव्यकला के द्वारा सम्मान और कीर्ति प्राप्त करने की चर्चा काव्यशास्त्र के आचार्यों ने भी की है। किंतु यहाँ ध्यान रखना है कि वह काव्य जो राजसभाओं-गोष्ठियों में सम्मान दिलाता था, उक्तिवैचित्र्य मात्र था। उसमें कृत्रिम सौंदर्य पैदा करके मनोविनोद के लिए आकर्षण पैदा किया जाता था। उसमें काव्य-प्रतिभा उतनी नहीं थी जितना अभ्यास। वस्तुतः काव्य या कविता उक्तिवैचित्र्य या सहृदयों का मनोरंजन करने वाली कला नहीं है। केवल रूढ़ उपमानों की झड़ी लगा देना कविकर्म नहीं है। हिंदी में रीतिकाल के कवियों ने ऐसा बहुत किया है। उनके उपमानों में कोई काव्यात्मक सौंदर्य नहीं है। चातुर्य प्रदर्शन और कौशल से कविता का मूलरूप आच्छन्न होता है। इसमें चित्र की गहन वेदना नहीं बल्कि प्रदर्शन की वासना अभिव्यक्त होती है। यह काव्य का कुंठित रूप है। यह कारीगरी सभी कलाओं में बाद का विकास है चाहे वह मूर्तिकला हो या चित्रकला या नृत्य या संगीत या काव्य। हिंदी के आलोचक आचार्य पं. रामचन्द्र शुक्ल ने काव्य की इस रीतिवादी चमत्कारवादी प्रवृत्ति की कड़ी निंदा की है। उन्होंने केशव जैसे आचार्य और पंडित कवि को कवि ही नहीं माना। वे जब कहते हैं कि 'केशव को कवि हृदय नहीं मिला था' तो कवि की प्रतिभा को ही रेखांकित करते हैं। अभ्यास और निपुणता को महत्त्व नहीं देते। उनके अनुसार "असाधारणत्व की रुचि सच्ची सहृदयता की पहचान नहीं है।" अगर कविता में कोरा वैचित्र्य या चमत्कार है तो फिर कविता और तमाशे में कोई फर्क नहीं रह जायेगा। कविता एक विवशता है। वह केवल शिल्प या कौशल नहीं है। जिन अलंकारों में अर्थ नहीं होता वे पाठक में अनुभूति पैदा करने में समर्थ नहीं होते। अलंकार जब कवि के भीतरी आवेग के साथ पैदा होते हैं तो काव्य का उत्कर्ष होता है अन्यथा वे चामत्कारिक उक्ति मात्र रह जाते हैं। कवि जब वाह्य जगत का साक्षात्कार करता है तो उसके चित्त में तरंगें पैदा होती हैं जो उसके अपने चित्त की संचित वासनाओं से मिलती हैं। फिर कवि की सृजनेच्छा इस स्थिति को नया रूप देती है। एक नयी सृष्टि करती है। इस सर्जन की प्रक्रिया में, कुछ नया निर्मित करने की प्रक्रिया में अलंकारों का योग होता है। उपमा, रूपक, उत्प्रेक्षा आदि अलंकार इस निर्मिति में सहायक होते हैं। वे अभिव्यक्ति के अंग बनकर प्रकट होते हैं। ऐसे अलंकार भावोत्कर्ष करते हैं। नयी सृष्टि को संभव बनाते हैं। कवि जो कहना चाहता है उसके लिए उसे भाषा पर्याप्त नहीं लगती। इसी को पूरा करने के लिए वह अलंकारों का सहारा लेता है। वह जो प्रस्तुत है उसकी अपर्याप्तता को स्मृति-चित्रों के द्वारा, अप्रस्तुतों के द्वारा भरने की कोशिश करता है। अर्थालंकारों से भाषा में चित्रात्मकता आती है और शब्दालंकारों से गतिमयता और छंदात्मकता।

जहाँ अलंकार ऐसा नहीं करते वहाँ व्यर्थ के आडम्बर हैं। ऐसे अलंकार और चमत्कार प्रधान काव्य को मम्मट आदि भारतीय आचार्यों ने भी अधम काव्य कहा है।

2

जो कविता किसी वाह्य दबाव में (चाहे वह प्रकाशक का दबाव हो या संपादक का, आर्थिक आवश्यकताओं का दबाव हो या यशेषणा का) लिखी जाती है वह सच्ची कविता नहीं होती। सच्ची कविता का जन्म वाह्य दबाव में नहीं, आंतरिक विवशता में होता है। आप कहेंगे, आंतरिक विवशता भी तो आखिर वाह्य दबाव का ही परिणाम है। मगर दोनों में फर्क है। वाह्य दबाव जहाँ आंतरिक विवशता बन जाता है वहीं सच्ची कविता का जन्म होता है। जब तक आंतरिक विवशता बनकर वह कवि को आकुल नहीं करता तब तक सच्ची कविता असंभव है। कविता से धन प्राप्त कर महल कइयों ने खड़े किए हैं पर धन प्राप्त करने और महल बनाने की आवश्यकता ने कविता को जन्म दिया हो, ऐसा नहीं माना जा सकता। इसी प्रकार कविता से यश की प्राप्ति होती है पर इसका यह मतलब नहीं कि यश की आकांक्षा से कविता पिघलकर बहने लगती है। कहा जाता है (यह प्रसंग झूठा भी हो सकता है लेकिन इससे कोई फर्क नहीं पड़ता) कि अकबर महान ने एक बार भक्त कवि सूरदास से अपनी प्रशंसा में एक पद सुनाने का आग्रह किया था। यह भी कहा जाता है कि भक्त कवि ने शाहंशाह के आग्रह पर निम्नलिखित पद सुनाया था :

नाहिन रह्यो मन मँह ठौर।
नदनंदन अछत उर यह, आनिये क्यों और।।

चलत, चितवत, दिवस जागत, सपन सोवत राति।
हृदय तें वह स्याम मूरति, छन न इत उत जाति।।

कहत कथा अनेक ऊधो, लोक लाभ दिखाय।
कहा करौं तन प्रेम-पूरन, घट न सिंधु समाय।।

स्याम गात, सरोज आनन, ललित अति मृदु हास।
सूर ऐसे रूप कारन, मरत लोचन प्यास।।

मैं नहीं कह सकता, ये पंक्तियाँ सूर ने किस प्रसंग में लिखी होंगी, पर इन पंक्तियों में एक विचित्र प्रकार की विवशता मिलती है। यह विवशता है किसी से न छूट पाने की विवशता। जो जागते-सोते, दिन-रात हृदय में भरा रहे और जिसके रहते किसी दूसरे की गुंजाइश ही न हो। सूर उस विवशता से मुक्त नहीं हो सकते थे अतः उनके लिए उनकी 'स्याम मूरति' के सामने अपने समय के सबसे ताकतवर

शाहंशाह का आग्रह भी कुछ नहीं था। हिंदी के रीतिकालीन दरबारी कवियों की कविताओं का विश्लेषण किया जाये तो आसानी से जाना जा सकता है कि उनमें उनकी कितनी आंतरिक विवशता है और कितना धन का लोभ या वाहवाही की आकांक्षा। उन कविताओं की भाषा उनका सारा भेद खोलकर रख देगी। जहाँ धन का लोभ या वाहवाही की आकांक्षा होती है वहाँ भाषा उछलती-कूदती है, चमत्कार प्रदर्शित करती है। जहाँ आंतरिक विवशता होती है वहाँ उसमें थिराव होता है, वह बहुत गहराई से मर्म को छूती है। यही बात अन्य कलाओं के बारे में भी लागू होती है। अकबर से ही संबंधित एक और कथा कही जाती है जिसका संबंध संगीत से है। कहा जाता है कि एक बार अकबर ने तानसेन के साथ स्वामी हरिदास का गायन सुना था। दिल्ली लौटकर उसने तानसेन से स्वामी जी का वही गायन सुनने की इच्छा प्रकट की। तानसेन में यह क्षमता थी कि वह जिस गायन को एक बार सुन लेते थे उसे बाद मे हू-ब-हू प्रस्तुत कर सकते थे। तानसेन ने स्वामी हरिदास के गायन को उसी राग मे ठीक उसी प्रकार पुनः प्रस्तुत किया। सुनने के बाद अकबर ने कहा, तानसेन तुम्हारे गायन में वह पवित्रता और गरिमा और भाव-विभोर करने की वह क्षमता नहीं है जो हरिदास जी के गायन में थी। तानसेन ने उत्तर दिया, जहाँपनाह, मैं आपकी इच्छा से गा रहा हूँ, स्वामी जी अपनी इच्छा से गा रहे थे। मैं शाहंशाह के दरबार में गा रहा हूँ, स्वामी जी शाहंशाहों के शाहंशाह के दरबार में गा रहे थे। यह कथा झूठी हो सकती है पर तानसेन का उत्तर तब भी सही था और आज भी सही है। इस समय मुझे यशपाल की एक कहानी 'चित्र का शीर्षक' याद आ रही है। कहानी का नायक चित्रकार जयराज अपने मित्र की पत्नी नीता को—उसकी विरूप आकृति और रोग से शिथिल शरीर को देखकर इतना आतंकित होता है कि उससे छुटकारा पाने के लिए निकल भागता है। वह कश्मीर की बर्फानी चोटियों, फूलों से घिरी नीली डल झील के समीप पहुँचता है। पुरी और केरल के समुद्र तट पर चाँदनी रात में ज्वार-भाटे का दृश्य देखता है। नगरों की भीड़ में खो जाना चाहता है। पर नीतू की वह विरूप आकृति उसका पीछा नहीं छोड़ती। फिर इस अत्याचार का बदला लेने के लिए जयराज रंग और कूची लेकर कैनवस के सामने जा खड़ा होता है। वह एक चित्र बनाता है पलंग पर लेटी हुई नीता का। उसका पेट फूला हुआ है, चेहरे पर रोग का पीलापन, पीड़ा से फैली हुई आँख, कराहट में खुलकर मुड़े हुए होंठ, हाथ-पाँव ऐंठे हुए से...इस चित्र का शीर्षक है 'सृजन की पीड़ा'। यह चित्र ही जयराज को उसकी पीड़ा से, बेचैनी से मुक्त करता है। यही है रचना पूर्व की बेचैनी', विवशता और रचना में उससे मुक्ति। रचनाकार इतने गहरे आंदोलित होता है और जीवनानुभव में इतना संलग्न, तभी रचना से उसका रिश्ता जन्म देने वाली माँ का रिश्ता हो जाता है। रचना के प्रति इसी लगाव के चलते दुनिया भर के कलाकारों को अपनी कला के लिए महान बलिदान देने पड़े हैं। अपने देश में

में जहाँ कहीं भी मंदिरों आदि में गया हूँ लगभग सब जगह एक ही कहानी सुनने को मिली है कि अमुक मंदिर या अमुक महल के बनाने वाले कारीगर के हाथ काट डाले गये या उसकी आँखें निकाल ली गयीं ताकि वह ऐसी कलाकृति कहीं दुबारा न बना सके। अपनी कला से इस प्रकार का लगाव उस कलाकार में असंभव है जिसका लक्ष्य चमत्कार-प्रदर्शन होता है।

रूप-विधान, संकेत और स्मृति

1

कवि का काम वर्णन करना या उपदेश देना नहीं बल्कि रूप-निर्माण करना होता है। कवि इंद्रियों के माध्यम से वाह्य संसार का जो रूप ग्रहण करता है उसी को अपनी सर्जनात्मक शक्ति से नया रूप देता है। कवि जो रूप ग्रहण करता है उसे कैमरे की तरह ज्यों का त्यों न तो ग्रहण करता है, न हू-ब-हू चित्रित करता है। एक चेतन प्राणी होने के कारण उसकी दृष्टि के पीछे उसकी अपनी अनुभव-सत्ता होती है। उसका चित्त अनेक संस्कारों और वासनाओं से भरा होता है। वाह्य रूप को देखकर उनमें कंपन होता है। इन्हीं से मन को गति और आँखों को दृष्टि मिलती है। वह पदार्थ जगत के ऊपरी अपियरेंस [Appearance] का चित्रण नहीं करता बल्कि अपनी विधायक कल्पना के द्वारा उसका रूप विधान करता है। रूप विधान की यह शक्ति एक समर्थ कवि में होती है, वह अपने बाहर के अनंत रूपात्मक जगत में उस रूप को पहचान और पा लेता है जो उसकी कविता के लिए प्रासंगिक है। वह जानता है कि कितना छोड़ना और कितना रखना है, क्या छोड़ना और क्या रखना है। जैसे एक कुशल मूर्तिकार जानता है कि पत्थर का कौन-सा अंश उसके लिए अप्रासंगिक है। इसमें कवि या कलाकार की सर्जनात्मक या विधायक कल्पना उसकी सहायता करती है।

यह धारणा लगभग स्वीकृत सी है कि काव्यभाषा बिंबपरक होती है और कविता मूर्त। महिमभट्ट ने अभिव्यक्ति को विशिष्ट और गोचर बनाने में कवि प्रतिभा की सिद्धि माना है—

> विशिष्टनस्य यद् रूपं तत् प्रत्यक्षस्य गोचरः।
> स एव सत्कवि गिरां गोचरः प्रतिभाभुवाम्।।

कवि सामान्य को विशिष्ट और अमूर्त को मूर्त बनाता है। उसकी अभिव्यक्ति की दिशा प्रत्यक्षीकरण की दिशा होती है। रैनसम विज्ञान और कला की अभिव्यक्ति

पद्धति की तुलना करते हुए कहते हैं कि विज्ञान तर्क और उद्देश्यपरक वृत्तियों को संतुष्ट करता है और वह प्रत्यक्षीकरण की न्यूनतम अभिव्यक्ति है। जबकि कला प्रत्यक्षीकरण की वृत्ति को संतुष्ट करती है तथा वह तर्क की न्यूनतम अभिव्यक्ति है।

[Science gratifies a rational or practical impulse and exhibits the minimum of perception. Art gratifies a perceptual impulse and exhibits the minimum of reason][1].

सीधी-सादी शब्दावली में कहें तो मन में वाह्य जगत के प्रत्यक्षीकरण का अंकन ही बिंब है। यदि हम किसी रंग को देखते हैं तो हमारे मन में उसका जो अंकन होता है वह उस रंग का बिंब है। साहित्य या कविता में बिंब भाषा के द्वारा प्रस्तुत किया जाता है। यह प्रत्यक्षीकृत (परसेप्चुअल) अनुभव की मानसिक प्रतिकृति या स्मृति है। वस्तु-जगत से हमारा परिचय उस वस्तु-जगत के वाचक शब्द के माध्यम से होता है। इस क्रम में मस्तिष्क पर वस्तु का बिंब अंकित होता जाता है और उसके वाचक शब्द का भी। हम वस्तु के न होने पर भी उसे देख सकते हैं या वस्तु को देखते ही शब्द को भी उपस्थित पाते हैं। साहित्य या कविता में साहित्यकार या कवि अपने प्रत्यक्षीकृत और मन पर अंकित संवेदनों को ही भाषा के द्वारा बिंबों के रूप में प्रस्तुत करता है। आचार्य शुक्ल ने तीन प्रकार के रूप-विधानों की चर्चा की है—प्रत्यक्ष रूप-विधान, स्मृत रूप-विधान और कल्पित रूप-विधान। उनके अनुसार संसार की रूप-तरंगों से ही मनुष्य की कल्पना का निर्माण और उसके भीतर विविध भावों या मनोविकारों का विधान हुआ है। प्रत्यक्ष अनुभव किए गये वाह्य रूप-विधान से ही स्मृत रूप-विधान और कल्पित रूप-विधान होता है। इसमें कल्पित रूप-विधान ही काव्य प्रक्रिया के अंतर्गत आता है। (वैसे इस प्रसंग में शुक्ल जी अपनी मौलिक स्थापना यह करते हैं कि प्रत्यक्ष और स्मृत रूप-विधानों में भी भावों को जगाने और रस-संचार करने की क्षमता है।)

ऐंद्रियता बिंब की महत्त्वपूर्ण विशेषता है। बिंब की तमाम परिभाषाओं में यह परिभाषा ज्यादा उपयुक्त लगती है कि "बिंब वह शब्द-चित्र है जो कल्पना के द्वारा ऐंद्रिय अनुभवों के आधार पर निर्मित होता है।"[2] बिंब में ताजगी होती है, तीव्रता होती है और यह सोई हुई स्मृतियों को जगाने में सक्षम होता है। यह अभिव्यक्ति को विशिष्ट, गोचर और ग्राह्य बनाता है। काव्य-बिंबों में रूप, रस, स्पर्श, गंध और स्वाद—सभी के बिंब होते हैं।

'कविता क्या है' ? शीर्षक निबंध में आचार्य शुक्ल लिखते हैं "काव्य में

---

1. दे., रवीन्द्रनाथ श्रीवास्तव : शैली विज्ञान और आलोचना की नयी भूमिका, पृ. 21
2. आधुनिक हिंदी कविता में बिंब-विधान : केदारनाथ सिंह

अर्थ-ग्रहण मात्र से काम नहीं चलता, बिंब-ग्रहण अपेक्षित होता है। यह बिंब ग्रहण निर्दिष्ट, गोचर और मूर्त विषय का ही हो सकता है।" माना जाता है कि आचार्य शुक्ल द्वारा की गयी बिंब की यह चर्चा हिंदी समीक्षा में पहली बार हुई। संस्कृत काव्यशास्त्रियों ने बिंब की चर्चा अलग से नहीं की है किंतु इसके संकेत उनमें ढूँढ़े जा सकते हैं। भारतीय काव्यशास्त्र के जिस सम्प्रदाय के साथ बिंब का संबंध मोटे तौर पर जोड़ा जाता है, वह अलंकार सम्प्रदाय है। ध्वनि और शब्द-शक्तियों के साथ भी इसका संबंध जोड़ने की कोशिश हुई है। पश्चिमी आलोचना में बिंब पर बहुत विचार हुआ है और अनेक कवियों-आलोचकों द्वारा उसे तरह-तरह से परिभाषित करने की कोशिशें हुई हैं। 1912 से 17 तक अंग्रेजी कविता में बिंबवाद का एक आंदोलन ही चल चुका है जिसके नेता एजरा पाउन्ड थे। इन बिंबवादियों ने बिंब को इतना व्यापक बना दिया कि वह लगभग अमूर्त और अपरिभाषेय हो गया। बिंब को इस अतिवाद पर पहुँचा देने के कारण ही पश्चिमी आलोचकों में इसके विरुद्ध प्रतिक्रिया हुई और इस शब्द को आलोचना की भाषा से निकाल देने तक के प्रस्ताव हुए।

पश्चिमी आलोचकों की तुलना में हिंदी समीक्षक पं. रामचंद्र शुक्ल ने बिंब को अधिक अच्छी तरह सुलझाकर समझा और समझाया है। शुक्ल जी के अनुसार सभ्यता की वृद्धि के साथ-साथ ज्यों-ज्यों मनुष्यों के व्यापार बहुरूपी और जटिल होते गये त्यों-त्यों उनके मूल रूप बहुत कुछ आच्छन्न होते गये। कवि कर्म का एक मुख्य अंग है सभ्यता के बहुत से आवरणों को हटाकर उन मूल गोचर रूपों को सामने रखना जिनसे हमारे भावों का सीधा लगाव है। जब तक भावों से सीधा और पुराना लगाव रखने वाले मूर्त और गोचर रूप न मिलेंगे तब तक काव्य का वास्तविक ढाँचा खड़ा न हो सकेगा। शुक्ल जी के अनुसार काव्य में बिंब-ग्रहण अपेक्षित होता है। यह बिंब-ग्रहण निर्दिष्ट, गोचर और मूर्त विषय का ही हो सकता है। बिंब-ग्रहण वहीं होता है जहाँ कवि अपने सूक्ष्म निरीक्षण द्वारा वस्तुओं के अंग-प्रत्यंग, वर्ण, आकृति तथा उनके आस-पास की परिस्थिति का परस्पर संश्लिष्ट विवरण देता है। भावना को मूर्त रूप में रखने की आवश्यकता के कारण कविता की भाषा में जाति-संकेत वाले शब्दों की अपेक्षा विशेष रूप-व्यापार सूचक शब्द अधिक रहते हैं। (दे., 'कविता क्या है ?' निबंध)।

आज के अनेक आलोचक कविता में बिंबों का विरोध करते हैं। उनके अनुसार बिंबों के कारण कविता अनावश्यक अलंकृति की ओर बढ़ती है तथा बोलचाल की भाषा से दूर हटती है। उसकी सहज लयात्मकता खंडित होती है। बिंबों में अस्पष्टता होती है और कवि जब उनकी माला गूँथने लगता है तो उनकी परिणति चमत्कार-प्रदर्शन में होने लगती है। बिंबों की रुढ़ियाँ बन जाती हैं जो काव्य विकास में और भिन्न प्रकार की कविताओं के मूल्यांकन में भी बाधक हैं। इसीलिए कुछ आलोचक बिंब की अपेक्षा सपाटबयानी को काव्य-गुण मानने लगे हैं और बहुत

से कवि भी उनका अनुसरण करने लगे हैं। लेकिन सपाटबयानी के अपने अलग खतरे हैं। इसके चलते शब्द की गरिमा से अपरिचित कवियों के लिए कविता और गद्य में कोई फर्क नहीं रह गया है। वस्तुतः बिंब की अतिवादी धारणा तो स्वीकार नहीं की जा सकती लेकिन कविता में बिंब के महत्त्व को भी अस्वीकार नहीं किया जा सकता।

2

कविता में शब्द का अर्थ ऊपर-ऊपर नहीं तैरता रहता बल्कि वह भीतर गहराई में अपना विशिष्ट गर्भित अर्थ-संकेत भी रखता है। प्रतीकों में यह शक्ति सबसे ज्यादा होती है। प्रतीक अपने संकेतित विशिष्ट अर्थों के कारण ही महत्त्वपूर्ण होते हैं। एक प्रतिभाशाली कवि इन प्रतीकों के द्वारा जीवन के नवीन सत्यों का अन्वेषण करता है। अर्थ के अछूते आयामों तक पहुँचने की कोशिश करता है। सृष्टि में मनुष्य ही ऐसा प्राणी है जो प्रतीकों की सृष्टि करता है। भाषा उसकी इस प्रतीक-सृष्टि का अपने आप में एक नमूना है जो स्वयं एक प्रतीक ही होती है। कवि-कलाकार सामान्य मनुष्य की अपेक्षा ज्यादा सर्जनात्मक होता है। उसके भीतर का स्रष्टा अपनी अभिव्यक्ति के लिए प्रतीकों की सृष्टि करता रहता है।

प्रतीक रूपक की तरह केवल सादृश्य के लिए नहीं होता बल्कि उसमें अलग अर्थ-संकेत की शक्ति निहित होती है। कवि अभिधा और लक्षणा में जो कुछ नहीं कह सकता उसे प्रतीकों के द्वारा कहता है। प्रतीक में किसी अन्य वस्तु की ओर संकेत होना आवश्यक है। किसी विचार या भाव के स्थान पर उसका कोई प्रतिनिधान ही प्रतीक है। प्रतीक अपने कथ्य की प्रतीति कराते हैं जो 'कुछ अधिक' या 'अतिरिक्त' होते हैं।[1]

प्रतीक बिंब से भिन्न होता है। प्रतीक एक निश्चित अर्थ का बोधक होता है जबकि बिंब नानार्थबोधक। प्रतीक वैचारिक अधिक होता है जबकि बिंब ऐंद्रिय। बिंब में चित्रात्मकता होती है जबकि प्रतीक में सांकेतिकता। बार-बार प्रयुक्त होने पर बिंब भी प्रतीक बन जाते हैं। डब्ल्यू. बी. येट्स के अनुसार किसी कवि में एक ही बिंब बार-बार प्रयुक्त होने पर प्रतीक-सा निश्चित हो जाता है अर्थात् वह किसी एक ही भाव या विचार का प्रतिनिधि बन जाता है।

प्रतीक परम्परागत भी होते हैं और व्यक्तिगत भी। परंपरागत प्रतीक किसी

---

1. This term in literary usage refers most specifically to a manner of representation in which what is shown [normally referring to something material] means, by virtue of association something more or something else [normally referring to something immaterial.]

—Princeton Encyclopedia of Poetry and Poetics, p, 833

देश, जाति और इतिहास से संबंधित होते हैं जो उसके लंबे अतीत से छनकर आये होते हैं। जैसे भारतीय हिंदू जीवन के कुछ प्रतीक हिंदी कविता में दिखाई पड़ेंगे। अरब और फारस के कुछ प्रतीक उर्दू कविता में मिलेंगे। इसी प्रकार पश्चिमी देशों की कविताओं में कुछ अलग प्रतीक मिलेंगें। वैयक्तिक प्रतीक कुछ कवियों की कविताओं में प्रयुक्त प्रायः निजी होते हैं। कवि डब्ल्यू. बी. येट्स ने इस तरह के अनेक प्रतीकों के प्रयोग किये हैं। हिन्दी कवि अज्ञेय की कविता में भी सागर, मछली आदि कई प्रतीक बार-बार आते हैं। लेकिन जब कोई कवि अपने प्रिय प्रतीकों का ही बार-बार प्रयोग करता रह जाता है तो प्रतीक भी रूढ़ होकर उसकी एक सीमा बना देते हैं और उसका काव्य-विकास अवरुद्ध हो जाता है। महादेवी वर्मा के काव्य में प्रतीकों की यह स्थिति देखी जा सकती है। कभी-कभी यह भी देखा जाता है कि निजी प्रतीक जटिल और दुर्बोध हो जाते हैं।

बिंब की तरह प्रतीक पर भी भारतीय काव्यशास्त्र में अलग से विचार नहीं किया गया है पर दर्शन और आध्यात्म में इस शब्द का प्रयोग हुआ है। हमारे देश में आध्यात्मिक और रहस्यात्मक अनुभूतियों को व्यक्त करने के लिए अनेक प्रतीकों का सहारा लिया गया है। गूढ़ अनुभूतियों को व्यक्त करने के लिए प्रतीक ही संभवतः अत्यंत अर्थवान और शक्तिशाली माध्यम माने गये। मनोविज्ञान में प्रतीकों पर विशेष विचार हुआ है। फ्रायड ने काम-प्रतीकों की चर्चा करते हुए कहा है कि प्रतीकों का स्रोत व्यक्ति का अवचेतन है किंतु उनके शिष्य और सहयोगी युंग ने सामूहिक अवचेतन को प्रतीकों का स्रोत बताया है। उनके अनुसार आर्कीटाइप [Archetype] अनंत अनुभूतियों का केंद्र है। 'प्रतीक' शब्द का प्रयोग धर्मशास्त्र, दर्शन, मनोविज्ञान, गणित आदि में विशेष रूप से प्रचलित है किंतु इन सबमें प्रतीकों की अलग धारणाएँ हैं।

फ्रांसीसी कविता में प्रतीकवादी आंदोलन 1886 ई. में शुरू हुआ। बादलेयर, मलार्मे, रेंबो आदि इस धारा के प्रसिद्ध कवि हुए। प्रतीकवादियों के अनुसार काव्य की आत्मा प्रतीक ही है। प्रतीकवादी कवियों पर सबसे बड़ा आरोप यह है कि उन्होंने अपनी कविता को रहस्यात्मक जटिलता देकर इने-गिने लोगों तक सीमित कर दिया।

3

कविता कालबद्ध होकर भी कालमुक्त होती है। वह उस अतीत में भी जाती है जो वर्तमान हो जाता है और भविष्य के लिए भी अपनी प्रासंगिकता सुरक्षित रखता है। मिथकों में यह विशिष्टता होती है। मिथक के लिए पुराण-कथा, पुरावृत्त, धर्मगाथा, धर्मकथा आदि अनेक शब्दों का व्यवहार होता है। इस एक शब्द का कोई एक निश्चित अर्थ कर पाना कठिन है। इसकी व्याप्ति असीम है। इसीलिए इसके संबंध में मनोवैज्ञानिकों, समाजशास्त्रियों, नृतत्त्वविदों और दार्शनिकों ने अलग-अलग

व्याख्याएँ दी हैं तथा इसके अंतर्गत धर्म, मानव-विज्ञान, समाज विज्ञान, मनोविश्लेषण, साहित्य आदि सभी आ गये हैं। मिथकों के संबंध में विद्वानों द्वारा दी हुई व्याख्याओं का उल्लेख यहाँ हमारा लक्ष्य नहीं है। हाँ, इतना कहना जरूरी लगता है कि उनमें से किसी एक की व्याख्या को पूर्णतः स्वीकार करना कठिन है।

मनोवैज्ञानिकों ने मिथकों की व्याख्या अपने ढंग से की है। फ्रायड के अनुसार मिथक आदिम मानव की दमित यौन भावनाओं की प्रतीकात्मक अभिव्यक्ति है। युंग के अनुसार यह सामूहिक अवचेतन का आदिम बिंब है। इसके अवशेष कहीं बहुत गहरे आज भी हमारे मन में हैं और आगे भी रहेंगे। समाजशास्त्रियों ने मिथकों की अपनी अलग व्याख्या दी है। उनके अनुसार उनका संबंध प्रकृति के रहस्यात्मक चमत्कारों से नहीं है, बल्कि समाज और सामाजिक आश्यकताओं से है। प्रतीकवादी दार्शनिक मानते हैं कि चेतना वस्तु को ज्यों का त्यों नहीं बल्कि प्रतीकात्मक रूप में ग्रहण करती है। ये प्रतीक तार्किक एवं मिथकीय दोनों प्रकार के हुआ करते हैं। कैसिरर ने प्रतीकों को मन की स्वाभाविक क्रिया कहा है तथा मनुष्य को प्रतीक-निर्माता प्राणी बताया है। मिथकों में प्रतीकों का विशेष महत्त्व होता है। इनमें कथानक, चरित्र आदि प्रायः प्रतीकात्मक होते हैं। लेवी स्त्रास के अनुसार भी मिथक अभिधा की अपेक्षा लाक्षणिक हुआ करते हैं।

हिंदी का 'मिथक' शब्द अंग्रेजी के 'मिथ' शब्द के आधार पर गढ़ा गया है, जो यूनानी शब्द 'माइथोस' से बना है। 'माइथोस' का अर्थ है अतर्क्य आख्यान। इसका उल्टा शब्द है 'लोगस' जिसका अर्थ है तार्किक संलाप। मिथक में तर्क की व्यवस्था नहीं होती। इसीलिए इसे बुद्धिवाद के आरंभिक युग में—सत्रहवीं-अठारहवीं शताब्दी तक, कपोल-कल्पना माना जाता था और इसे इतिहास, विज्ञान और दर्शन का विरोधी समझा जाता था। किंतु आज इसे इतिहास या विज्ञान के सत्य का विरोधी नहीं, बल्कि पूरक माना जाता है और इसे भी उसी प्रकार का सच स्वीकार किया जाता है जैसे कविता का सच होता है। अनातोले फ्रांस ने सही लिखा है, "राष्ट्र अपनी पौराणिक कथाओं पर जीवित रहता है।" पौराणिक कथाएँ प्रेरणा की मूल स्रोत हैं। इनके माध्यम से मनुष्य के आदर्श और मूल्य बनते हैं जो उसके और समाज की नींव में होते हैं। ये अनंतकाल से उसे सहारा देती आई हैं, संतोष और शांति देती आई हैं। ये आज भी उसे जीवित रहने और आगे बढ़ने की प्रेरणा देती रहती हैं। ये समाज के जीवन को स्थिरता और स्थायित्व देती हैं। समाजशास्त्रियों के अनुसार सामाजिक निरंतरता को बनाए रखने के लिए जो अंतःक्रियाएँ प्रमुख भूमिका निभाती हैं, पौराणिक कथाएँ उनमें अति महत्त्वपूर्ण होती हैं। समाज को नियमित और नियंत्रित करने में इनका विशिष्ट योगदान होता है। कुछ विद्वानों के अनुसार मिथक मानवीय कल्पना की सौंदर्यमूलक सृष्टि हैं, अर्थात् ये कुछ व्यक्तियों द्वारा रचे गये हैं। लेकिन कुछ विद्वान इसे सृष्टि और मनुष्य की आंतरिक प्रकृति

को अर्थ देने वाला अचेतन चक्र मानते हैं। मिथकों में लौकिक-अलौकिक तत्त्वों का, सच और कल्पना का ऐसा मिश्रण हो गया है कि आज यह बता पाना कठिन है कि ये कभी के घटित यथार्थ हैं या कल्पना में रचित। भारतीय, या कहें कि हिंदू पुरावृत्तों में तो और भी मिश्रण दिखाई पड़ते हैं, क्योंकि इनमें अनेंक संस्कृतियों की पुराकथाएँ घुल-मिल गई हैं। लेकिन तब आश्चर्य जरूर होता है जब आज के वैज्ञानिकों द्वारा कुछ भारतीय मिथकों में कल्पना नहीं, सच की संभावनाएँ दिखाई पड़ती हैं।

मिथक ऐसे पुराआख्यान हैं जो मानव-अस्तित्व की गहरी बहुत गहरी, सच्चाइयों को, उसके सुदूर अतीत, उसकी भूली हुई स्मृति को प्रतीकों और अन्य आवरणों में व्यक्त करते हैं। ये कल्पना नहीं आदिम मनुष्य की सच्चाई है। इन मिथकों में मनुष्य की दुर्दम जिजीविषा, असीम आकांक्षा, कल्पना और विश्वास की अभिव्यक्ति हुई है। इनमें केवल मनुष्य का भय या उसकी जिज्ञासा मात्र नहीं है। आदिम मानव ने प्रकृति के रहस्यों को देखकर उनके प्रति अपनी जो अभिव्यक्तियाँ की होंगी वह मिथकों के रूप में हमारे सामने हैं। ये मिथक एक प्रकार से आदिम मानव की भाषा हैं। ये व्यक्तिमानस की नहीं, संभवतः लोकमानस की निर्मिति हैं। फ्रेजर ने मानव-विकास को तीन युगों में बाँटा है—जादू का युग, धर्म का युग और विज्ञान का युग। आदिम मानव प्रकृति की सजीवता और उसकी सचेतनता में विश्वास करता था। इसी विश्वास ने मिथकों को जन्म दिया। अनेक विद्वान इस सिद्धांत को स्वीकार करते हैं कि आदिम मनुष्य ने प्रकृति के रहस्यों से अभिभूत होकर, उनकी तार्किक व्याख्या करने में अपनी अक्षमता के कारण इन मिथकों की सृष्टि की। कुछ विद्वान इस सिद्धांत के विरोधी भी हैं। वे मिथक-सृजन को किसी युग विशेष से नहीं जोड़ते। इन पुराण कथाओं का कोई निश्चित समय नहीं है। ये उस अज्ञात युग की कथाएँ हैं जिनके संबंध में कोई निश्चित प्रमाण नहीं है। केवल विश्वास ही इनका आधार है।

मिथक भी मनुष्य के भीतर निहित सर्जना-शक्ति का ही परिणाम है और वाक् या भाषा के साथ ही साथ उसका भी आविर्भाव हुआ होगा। आदिम मानव प्रकृति द्वारा दी हुई दुनिया को पशु-पक्षी, नदी-पहाड़, पेड़-पौधे—सबकुछ को अपने ही समान सजीव मानता रहा होगा। उसने उन सभी पदार्थों में आत्मा की कल्पना की होगी। आदिम जातियों और पुरानी सभ्यताओं में अब भी यह विश्वास पाया जाता है। इतना ही नहीं, वह उन कल्पित आत्माओं को ही प्रकृति के अनेक कार्यों जैसे आँधी, तूफान, बाढ़ आदि का कारण मानता था। भाषा के मिथक तत्त्व के मूल में आदिम मानव की यही अतिप्राकृतिक कल्पना है। आगे चलकर सम्भवतः इसी से पौराणिक गाथाओं की सृष्टि हुई। आज का मनुष्य विकास की नयी मंजिलों पर है। वह पुराण-कल्पनाओं में विश्वास नहीं करता लेकिन कविता के क्षेत्र में उसे बार-बार जब

भाषा की अपर्याप्तता का बोध होता है, जब वह देखता है कि भाषा की बँधी हुई व्यवस्था में वह अपने को व्यक्त नहीं कर पा रहा है तो वह उसी मिथक तत्त्व का सहारा लेता है जो उसके मन में कहीं एक भूली हुई स्मृति की तरह है। उसका यह प्रयास भाषा और जगत, जो तार्किक व्यवस्था से बँधा हुआ है, को अतिक्रमित करने की कोशिश है। मिथक तत्त्व जगत की तार्किक व्यवस्था से बँधे हुए नहीं होते। वे ऊपर-ऊपर से तर्कहीन और मिथ्या जान पड़ते हैं लेकिन बहुत गहराई में झाँकने पर अत्यंत सार्थक प्रतीत होते हैं। कवि इस गहराई में पहुँचना चाहता है। सामान्य और सूखी गद्य-भाषा मनुष्य के भावों को पूरी तरह व्यक्त करने में सफल नहीं हो पाती। मिथक तत्त्व भाषा की इस असमर्थता को पूरी करता है। मानव-चित्त में अनेक अनुभूतियाँ मिथकों के रूप में संचित हैं। कवि भाषा के आवरणों को भेदकर मानव-चित्त की उस गहराई में जाने की कोशिश करता है। वह पुराणकथाओं का सहारा लेता है। वस्तुतः मनुष्य का चेतन, जगत की तर्कसरणि में बँधा होता है। उसके अवचेतन का वेग मिथकीय सृष्टि करता है। यह समष्टि-चित्त की बहुत पुरानी अनुभूति है। इसी को युंग आर्कीटाइप इमेज या आद्य बिंब या समष्टि-चित्त कहते हैं। उन्हीं के शब्दों में "आदिबिंब अथवा मूल बिंब एक रूपाकृति है, भले ही वह देव हो या मानव या कोई प्रक्रिया हो। यह रूपाकृति इतिहास की गति में वहाँ पुनरावर्तित होती है जहाँ सर्जनात्मक कल्पना चित्र उन्मुक्त अभिव्यक्ति पाते हैं। अतएव मूलतः वह एक पौराणिक रूपाकृति है। यदि इन बिंबों का हम अधिक सूक्ष्म अध्ययन-अन्वेषण करें तो देखेंगे कि वे हमारे पूर्वजों के असंख्य विशिष्ट अनुभवों के संचित-संकलित परिणाम हैं, मानो वे एक ही प्रकार के अनगिनत अनुभवों के मथे हुए अवशेष हैं। वे कोटि-कोटि अनुभवों के वैयक्तिक पुंज हैं...।"

कैसिरर के अनुसार भाषा और मिथक दोनों का मूल उद्‌गम एक ही है। मैक्समूलर के अनुसार मिथक की उत्पत्ति भाषा से हुई। वे मिथक को भाषा का रोग कहते हैं। मिथक को भाषा का रोग तो स्वीकार करना संभव नहीं है लेकिन यह मानना उपयुक्त प्रतीत होता है कि भाषा मिथक के पहले अस्तित्व में आ गई होगी। मिथकों में देवी-देवताओं या चेतन प्राकृतिक पदार्थों की जो कल्पनाएँ हैं वे भाषा में इस स्तर के विकास की क्षमता के बाद ही सम्भव हैं। आदिम मनुष्य की भाषा आज के मनुष्य की भाषा की तरह तर्कपूर्ण नहीं रही होगी। उसमें एक जादुई शक्ति की संभावना से इनकार नहीं किया जा सकता। भाषा की इसी शक्ति से मिथकों की सृष्टि हुई होगी। जैसा कि कहा जा चुका है, आज भी कविता भाषा की इस पुरानी शक्ति का सहारा लेती है और मिथकीय प्रतीकों की ओर भागती है।

मिथकों में प्रायः सृष्टि की उत्पत्ति तथा उसके रहस्यों का वर्णन—देवी-देवताओं, अवतारों, प्राकृतिक घटनाओं का वर्णन, ईश्वर की महिमा, दुष्टों के संहार,

सत् और असत् शक्तियों के संघर्ष तथा सत् की विजय आदि का वर्णन होता है। मनुष्य ने सृष्टि के रहस्यों और अंतिम सत्यों-समस्याओं के संबंध में अपनी जिज्ञासाओं के उत्तर इन्हीं पुराकथाओं द्वारा ढूँढ़ें हैं। इन्हीं में हमें भी उनके कुछ उत्तर मिल जाते हैं। इन कथाओं में सूर्य, चंद्र, पृथ्वी, अग्नि, वायु, पेड़, पशु-पक्षी सभी मनुष्य की तरह हो जाते हैं। उसी के समान प्रेम, घृणा, क्रोध करते हैं। विवाह करते हैं, संतान पैदा करते हैं। संस्कृत महाकवियों के काव्य में जो प्राणधारा प्रवाहित है वह पुराणकथाओं की इसी विशेषता के कारण है। उदाहरण के लिए कालिदास के रघुवंश में सिंह और राजा दिलीप का वार्तालाप जड़ तर्क-व्यवस्था में अविश्वसनीय होते हुए भी अद्‌भुत मानवीयता लिए हुए है। दरअसल पुराणकथाओं में मानवजाति का गहन चिंतन देखा जा सकता है। केवल मनोरंजन के लिए गढ़ी गई कहानियाँ ये नहीं हैं। श्री कुमार स्वामी के शब्दों में–"पौराणिक कथाएँ वह परंपरागत साधन हैं जिनमें मनुष्य की गहनतम दार्शनिक अंतर्दृष्टि देखने को मिलती है।" पुराण-कथाओं के अत्यंत कलात्मक वर्णनों को देखकर ही विद्वानों का मानना है कि इन कथाआं के स्रष्टा अविकसित लोग नहीं थे।

वस्तुतः पुराकथाओं का वैश्विक क्षेत्र रचना का भी असली क्षेत्र होता है। इसीलिए महान काव्य बार-बार इन पुराकथाओं में जाते हैं। मानवीय नियति की गहराइयों में घुसने वाले कवियों को एक विराट, व्यापक भूमि मिल जाती है। चाहे आदि कवि वाल्मीकि हों या व्यास या होमर या कालिदास या तुलसीदास। आधुनिक हिंदी कवियों को ही देखें तो प्रसाद, निराला, दिनकर, अज्ञेय, धर्मवीर भारती, नरेश मेहता, मुक्तिबोध, कुँवरनारायण, दुष्यंत कुमार आदि की कविताओं में मिथकों की प्रेरणा देखी जा सकती है। कामायनी, राम की शक्तिपूजा, उर्वशी, अंधा युग, आत्मजयी, संशय की एक रात, महाप्रस्थान, एक कंठ विषपायी आदि प्रसिद्ध कृतियाँ मिथकों से ही रचित हैं। मिथक यथार्थ को अभिव्यक्त करने के एक शक्तिशाली माध्यम हैं। कवि के सामाजिक जीवन का यथार्थ जब किसी पौराणिक आख्यान से किसी बिंदु पर सादृश्य स्थापित करता है तो पौराणिक मिथक काव्यात्मक मिथकों में रूपांतरित हो जाते हैं।

मिथक कभी एक निश्चित सीमा में बँधे नहीं होते। वे कालानुरूप बदलने की क्षमता रखते हैं। मिथकों के प्रतीक विज्ञान या गणित के प्रतीकों की तरह निश्चित नहीं होते। उनमें अनंत संभावनाएँ होती हैं। वे कवि के व्यक्तित्व तथा युग के अनुरूप अपनी नयी अर्थच्छवियों के साथ प्रकट होते रहते हैं। एक कवि जब किसी मिथक का स्पर्श करता है तो वहाँ एक व्यक्ति का चिंतन एक समूह-चिंतन से टकराता है। एक वर्तमान एक अतीत से। यह रचना का एक अद्‌भुत क्षण होता है–उसे सर्जनात्मक और ऊर्जा-सम्पन्न करने वाला। युंग के शब्दों में–जो व्यक्ति आदि बिंबों में बोलता है वह सहस्र जिह्वाओं के द्वारा बोलता है, वह हमें सम्मोहित

करता है, जीतता है। इसके साथ-साथ जिस विचार को वह व्यक्त करता है उसे सामान्य और क्षणभंगुर के परे शाश्वत के क्षेत्र में उठा देता है। आदि बिंब का रूप-ग्रहण मानो वर्तमान की भाषा में पुरातन का अनुवाद है। इससे प्रत्येक व्यक्ति के लिए यह संभव होता है कि वह जीवन के उन गहनतम स्रोतों तक पहुँच सके जो अन्यथा उसके लिए अगम हैं। इसी में कला का सामाजिक महत्त्व है, यह सर्वदा युग की आत्मा को शिक्षा देती रहती है, कारण, वह बार-बार उन रूपों को जन्म देती है जिनका युग में सर्वाधिक अभाव होता है। कलाकार वर्तमान से तृप्त नहीं होता, उसकी एषणा अचेतन के उस आदि बिंब का स्पर्श करती है जो युग की आत्मा की एकांगिता एवम् अपर्याप्तता को भर सकती है, पूर्ण कर सकती है। कलाकार इस बिंब को ग्रहण करता है, गहनतम अचेतन से निकालकर उसे चेतन मूल्यों से सम्बद्ध करता है, इस प्रतिष्ठा की क्रिया में वह उसके रूप को बदल देता है, जिससे कि उसके समसामयिक अपनी शक्तियों के अनुरूप उसे ग्रहण कर सकें।''[1]

लगभग हर युग का कवि मिथकों को नये ढंग से रचता है और उनमें से नये अर्थ प्राप्त करता है। रामकथा और कृष्णकथा के प्रति जो दृष्टि मध्यकालीन कवियों की थी वह आधुनिक कवियों की नहीं है। तुलसी रामकथा में जो पाते हैं वह नरेश मेहता नहीं पाते। सूर कृष्ण-कथा को जो रूप देते हैं वह धर्मवीर भारती नहीं देते। आज का कवि मिथकों के दार्शनिक आवरणों को चीरकर आज के प्रासंगिक मानवीय अर्थों—यहाँ तक कि सामाजिक-राजनीतिक प्रश्नों के अर्थ भी ढूँढ़ता है। लेकिन इस संदर्भ में उससे विवेकपूर्ण सतर्कता अपेक्षित है। मिथकों की जड़ें लोकमानस में बहुत गहरी और बहुत व्यापक होती हैं, अतः रचनाकार उनके साथ मनमाना सलूक नहीं कर सकता। वह अपने विचार या अपने समय की नयी दृष्टि का उसी सीमा तक प्रयोग कर सकता है जिस सीमा तक मिथकों का लोकस्वीकृत रूप बना रहे। वह छिन्न-भिन्न न हो जाये, ऐसा कौशल रचनाकार कवि को अपनाना पड़ता है। बिना इस संतुलित कौशल और रचनात्मक क्षमता के मिथक को अपनाना एक खतरनाक व्यापार है।

1. पाश्चात्य काव्यशास्त्र की परंपरा, पृ. 351-354

कविता के पैर और पंख

पिछले अध्यायों में संगीत और काव्य-भाषा के प्रसंगों में लय और छंद की भी कुछ चर्चा हुई है। उसे यहाँ दुहराना आवश्यक नहीं है। आचार्य हजारीप्रसाद द्विवेदी 'छंद' शब्द को बहुत व्यापक और दार्शनिक अर्थ देते हुए लिखते हैं, "जो अदृश्य शक्ति व्यष्टि मानव की पृथक-पृथक अनुभूतियों को साधारणीकरण सा सामाजिकीकरण की ओर उन्मुख करती है, उसी का नाम प्राचीनों ने 'छंद' दिया था। एक समष्टिगत इच्छाशक्ति है, जो समस्त भेदों को ढककर आच्छादित किये है। छादन करने के कारण ही उसे 'छंद' कहते हैं—'छादनात् छंदासि'। समष्टिगत छंद सृष्टि के भिन्न-भिन्न दिखने वाले पदार्थों को छादन करके एक व्यापक सिसृक्षा के सूत्र में पिरोता है। भाषा में अक्षर अलग-अलग बिखरे हैं—असंश्लिष्ट हैं, उनको अच्छादन करके जो उन्हें धारा रूप में 'एक' की गति देता है वह भी छंद है।"[1] आगे द्विवेदी जी लिखते हैं, "अर्थप्रधान विविक्तवर्णात्मिका भाषा का सहारा लेकर छंद, वृत्त बनता है और अर्थनिरपेक्ष अविविक्तवर्णात्मिका भाषा का आश्रय ग्रहण करके राग बनता है। इस प्रकार छंद दो रूपों में प्रकट हुआ, राग के रूप में और वृत्त के रूप में। राग के रूप में वह संगीत है और वृत्त के रूप में काव्य।"[2] यहाँ यह ध्यान देने की बात है कि द्विवेदी जी 'छंद' को मनुष्य की इच्छाशक्ति के साथ जोड़ते हैं तथा काव्य के प्रसंग में उसे अर्थ से जोड़ते हुए संगीत से अलग करते हैं। उनके अनुसार वर्ण या अक्षर के रूप में वाक् का विभाजन बहुत बाद में हुआ। आदिम मनुष्य जिस भाषा का व्यवहार करता रहा होगा, उस भाषा में अक्षर एक दूसरे से अविभाज्य, परस्पर मिले हुए होंगे। उस भाषा में संगीतात्मक प्रवाह रहा होगा। आदिम जातियों की भाषा सभ्य समाज की भाषा से अब भी ज्यादा संगीतात्मक और लयात्मक होती

1. हजारीप्रसाद द्विवेदी ग्रंथावली, खण्ड 7, पृ. 76.
2. हजारीप्रसाद द्विवेदी ग्रंथावली, खण्ड 7, पृ. 92

है। बाद में जैसे-जैसे मनुष्य सभ्य हुआ होगा, उसकी भाषा विविध प्रयोजनों के अनुरूप गद्यात्मक हुई होगी। कविता भाषा की इस गद्यात्मकता को तोड़ती है। मार्क्सवादी आलोचक जार्ज थामसन भी इस संदर्भ में इसी प्रकार की मान्यता व्यक्त करते हैं। उन्हीं के शब्दों में, "हम सभी भाषाओं में वक्तृत्व की दो विधियाँ—व्यक्तियों के बीच संप्रेषण का दैनंदिन माध्यम अर्थात् सामान्य वक्तृत्व और रीति-रिवाजों, काल्पनिक, लयात्मक तथा सम्मोहनमूलक सामूहिक कार्यों के उपयुक्त एक अधिक सघन माध्यम अर्थात् काव्यमूलक वक्तृत्व के रूप में पाते हैं। यदि यह बात सही है तो इसका अर्थ है कि काव्यभाषा सामान्य वक्तृत्व से ज्यादा आदिम है, कारण कि वक्तृत्व में अंतर्निहित लय के गुण-मृदुता और कल्पना को यह उच्चतर रूप में संरक्षित करती है।"[1]

संपूर्ण सृष्टि एक छंद में संचालित है। छंद लय का ही विशिष्ट रूप है। लय ज्यादा सूक्ष्म और मुक्त है। उसमें वर्णों या भाषाओं का बंधन नहीं होता; जैसा कि छंद में होता है। प्रकाश की गति में, समुद्र की लहरों में, मौसम के परिवर्तनों में, मनुष्य के श्वास-प्रश्वास में, रक्त की गति में, हृदय की धड़कन में, सर्वत्र इस लय को लक्षित किया जा सकता है। संपूर्ण प्रकृति की एक लय है। सभी कलाओं में लय है।

रिचर्ड्स के अनुसार "लय और उसका विशिष्ट रूप छंद, आवृत्ति और आकांक्षा पर निर्भर करते हैं। लय और छंद से संबद्ध सभी प्रभाव प्रत्याशा से उत्पन्न होते हैं। नियमतः यह प्रत्याशा अचेतन हुआ करती है। ध्वनि और वाग्गति के बिंबों के रूप में अक्षरों के अनुक्रम मन को आगे के कुछ खास अनुक्रमों के लिए तैयार कर देते हैं, जिसके परिणामस्वरूप हमारा क्षणिक संघटन संभावित अनुक्रियाओं के समूह में से किसी एक के लिए अनुकूल बन जाता है।"[2] रिचर्ड्स अक्षरों के अनुक्रम से जन्य आकांक्षाओं, संतुष्टियों, निराशाओं तथा विस्मयों के ग्रंथन को 'लय' कहते हैं।[3]

इस प्रकार रिचर्ड्स के अनुसार लय का निर्माण आवृत्ति और आकांक्षा के मेल से होता है। प्रत्याशा और आकांक्षा का क्रम मन के भीतर अचेतन रूप से चलता रहता है और अक्षरों में एक विशेष प्रकार की प्रत्याशा रहती है। उनके अनुसार

---

1. मार्क्सवाद और कविता, पृ. 20
2. Rhythm and its specialised form, metre, depend upon repetetion and expectancy...all rhythmical and metrical effects spring from anticipation. As a rule this anticipation is unconscious. Sequences of syllables both as sounds and images of speech-movement Leave the mind ready for certain further sequences rather than for others. -Principles of literary criticism.
3. This texture of expectations, satisfactions, disappointments, surprisals, which the sequence of syllables bring about, is rhythm.

—उद्धृत, पाश्चात्य काव्यशास्त्र, देवेन्द्रनाथ शर्मा, पृ. 254-255.

छंद ''कालिक लयात्मक अनुक्रम का जटिलतर तथा विशिष्टतर रूप'' [More complex and more specialised form of temporal rhythmic sequence] है। वे छंद को ''शरीर में व्याप्त चक्रीय उत्तेजना'' का रूप मानते हैं, जो ''मन के स्रोतों से उमड़ने वाला एक उद्वेलन प्रवाह'' है। रिचर्ड्स की दृष्टि मनोवैज्ञानिक थी। वे लय और छंद को भी अपनी उसी दृष्टि से विषयीगत [Subjective] मानते हैं और उसे मन के साथ संबद्ध करते हैं।

इसमें कोई संदेह नहीं कि छंद कवि के भीतरी आवेग को वहन करने वाला माध्यम है। यह उसे गतिशील करता है। गति छंद की विशेषता है। इसी से काव्य में प्राणशक्ति आती है। यह श्रोता और पाठक के मन को भी गतिशील करता है। कविता में छंद और लय का अनुशासन ऐसा है, जो उसे बिलकुल विवरणात्मक या तथ्यात्मक गद्य या अखबार के समाचार से अलग करता है। छंद और लय की व्यवस्था कविता की अपनी अलग व्यवस्था है। इसके द्वारा कविता सामान्य अर्थ से कुछ ज्यादा ध्वनित करती है। यह बात गद्य में नहीं होती। इसीलिए कविता को गद्य भाषा के क्रम में परिवर्तित कर देने से शब्दों का वही अर्थ नहीं रह जाता जो कविता में होता है। छंद वस्तुतः शब्दों की ऐसी योजना या संघटना-कौशल है, जो उनमें प्रवाह उत्पन्न करता है और काव्यभाषा में संगीत की प्रतिष्ठा करता है। शब्दों की ऐसी योजना तथा गति और तुक का ऐसा प्रयोग गद्य में नहीं होता।

छंद को वेदों का चरण कहा गया है—''छंदपः पादो तु वेदस्य।'' चरण शरीर को वहन भी करते हैं और उसे गति भी देते हैं। छंद भी काव्य को गति देता है तथा उसकी संपूर्ण-संवेदना का वाहक होता है। बहुत से कवियों, जिनमें रवीन्द्रनाथ जैसे महान कवि भी हैं, का मानना है कि पहले भावानुरूप छंद जैसी चीज उभरती है, शब्द बाद में आते हैं। कहते हैं करुणा और क्रोध की असाधारण स्थिति में आदिकवि वाल्मीकि के मुख से छंद ही निकला था। आज भी बहुत से कवि कविता लिखने के पहले उसे गुनगुनाते हैं। फिर कागज पर लिखते हैं।[1] वस्तुतः हर कविता का अपना छंद और लय होता है। इसका कारण यह है कि काव्यानुभव में अपना अलग छंद और लय निहित होता है। सिद्ध कवि उस अनुभव या विषय में उस अंतर्निहित छंद-लय को पहचान लेता है। उदाहरण के लिए निराला की दो कविताओं—'राम की शक्तिपूजा' और 'जूही की कली'—के छंद और लय में पर्याप्त अंतर है। यह अंतर स्वयं काव्यानुभव का ही अंतर है। यह अंतर जहाँ दिखाई पड़ता है, जहाँ छंद, लय कृत्रिम होता है, वहाँ कविता भी लड़खड़ा जाती है। जैसे हर कविता का अपना छंद-लय होता है, वैसे ही अलग-अलग भाषाएँ छंद और लय की दृष्टि से एक दूसरे से अलग होती हैं, क्योंकि प्रत्येक भाषा की ध्वनि-स्वभाव की अपनी विशिष्टता

1. दे. दस्तावेज-28, विष्णुकान्त शास्त्री का लेख।

होती है। संस्कृत भाषा में छंद के लिए वर्णों की सीमाएँ हैं तो हिंदी में मात्राओं की। इसीलिए एक भाषा की कविता का दूसरी में अनुवाद बड़ा कठिन हो जाता है। मुझे दो भाषाओं के समानांतर अनुवाद कई बार सुनने को मिले हैं और दोनों के छंद-लय के प्रभाव का अंतर तुरंत महसूस हुआ है।

जो कवि छंदों से मुक्ति की घोषणा करते हैं, उनका मतलब वास्तव में पिंगलशास्त्र की निर्धारित मात्राओं-वर्णों से मुक्ति ही है। वे इसी अर्थ में विद्रोही हैं कि छंद के आचार्यों द्वारा गिनायी गयी रूढ़ियों को अस्वीकार करते हैं। लेकिन उनका भी अपना छंद है, चाहे वह मुक्त छंद ही क्यों न हो। आधुनिक काल में लगभग सभी भाषाओं में पारंपरिक छंदों के विरुद्ध प्रतिक्रिया हुई और कवियों को लगा कि पुराने छंद उनकी अभिव्यक्ति में बाधक हैं। हिंदी में निराला अपने काव्य-संग्रह 'परिमल' की भूमिका में लिखते हैं कि मनुष्यों की मुक्ति की तरह कविता की भी मुक्ति होती है और कविता की मुक्ति का अर्थ छंदों के बंधन से मुक्ति है। पंत ने भी कहा है—

> खुल गये छंद के बंध, प्रास के रजत पाश।
> अब गीत मुक्त औ युगवाणी बहती अयास।।

इसमें कोई संदेह नहीं कि मनुष्य की ही तरह भाषा का भी विकास होता रहता है और जब नयी भाषा ढलकर सामने आती है, तब उसकी पाठ-प्रक्रिया भी अलग हो जाती है। अपने बदलते समय के बदलते अनुभवों को कवि नये ढंग से प्रस्तुत करता है। उसमें पुराने छंद ढूँढ़ने की बजाय नयी छंद-व्यवस्था देखनी चाहिए। लेकिन इसका यह अर्थ नहीं कि कविता में संपूर्ण छंद-व्यवस्था अर्थात् छंद की मूल आत्मा को ही छिन्न-भिन्न कर दिया जाये। जिस निराला ने छंद से मुक्ति के लिए वकालत की थी, उसी निराला ने 'परिमल' की उसी भूमिका में कहा था कि 'मुक्त छंद तो वह है, जो छंद की भूमि में रहकर भी मुक्त है।' निराला और पंत की तमाम कविताओं के पाठक यह जानते हैं कि वे न केवल छंदों के ज्ञाता थे बल्कि उनके अत्यंत कुशल प्रयोक्ता भी थे। छंद कविता के लिए जरूरी न हो, पर उसका प्राण है लय और वह कविता के लिए जरूरी है। टी. एस. इलिएट ने बहुत कड़ी शब्दावली में कहा था कि केवल घटिया कवि ही मुक्त छंद को कविता के रूप में मुक्ति मानकर उसका स्वागत करेंगे। उनके अनुसार जो अच्छी कविता लिखना चाहता है उसके लिए कोई छंद 'मुक्त' नहीं है।[1] जो कवि मुक्त छंद में कविताएँ

---

1. No verse is free for the man who wants to do a good job. No one has better cause to know than I, that a great deal of bad prose has been written under the name of free verse, though whether its authors wrote bad prose or bad verse or bad verse in one style or in another, seems to me a matter of indifference. But only a bad poet could welcome free verse as a liberation from form. —The Music of Poetry

लिख रहे हैं, उनके सामने यह एक जरूरत भी है और चुनौती भी कि किस प्रकार अपनी काव्यभाषा का संयोजन करें, कैसे शब्दों के क्रम और पंक्तियों का संकोच-विस्तार करें कि कविता एक लयात्मक संरचना प्राप्त कर सके। उसे अपनी काव्यानुभूति से उभरती हुई उस मूल लय को प्राप्त करना है जो कविता को अधिक अर्थवान और संप्रेष्य बना सके। इसमें कोई संदेह नहीं कि छंदशास्त्र की निर्धारित मान्यताओं और वर्णों का यथावत् प्रयोग अब संभव नहीं है। इससे कविता में अनुपयुक्त और निरर्थक शब्दों को भरना पड़ता है जिससे कविता छंद-व्यवस्था में बँधकर भी कमजोर होती है। और, तुकों का पालन तो कविता के लिए कतई जरूरी नहीं है। पर इसका दुष्परिणाम यह हुआ है कि ऐसे कवियों की बाढ़ आ गयी है जो काव्य में छंद और लय के अनुशासन का महत्त्व जानते ही नहीं। वे छोटी-बड़ी पंक्तियों में जो गद्यात्मक अभिव्यक्ति करते हैं, उसी को न केवल श्रेष्ठ कविता मानते हैं बल्कि कभी-कभी उसी पूँजी पर इतना दंभ करने लगते हैं कि बड़े-बड़े सिद्ध कवियों को दो कौड़ी का घोषित करने लगते हैं। मुझे यह जानकर बड़ा आश्चर्य हुआ कि ऐसे कवियों की बाढ़ केवल हमारे समय की ही विशेषता नहीं है, बल्कि ऐसे कवियों की एक पुरानी परंपरा रही है। बाणभट्ट ने 'हर्षचरित' की भूमिका में ऐसे ही कवियों के बारे में लिखा है—

सन्ति श्वान इवा संख्या जाति भाजो गृहे-गृहे।
उत्पादकाः न बहवः कवयः शरमाः इव।।

कुछ आलोचक 'अर्थ की लय' की वकालत करते हैं। वे कविता में अर्थ की अन्विति को ही उसकी लय मानते हैं। लेकिन वे भूल जाते हैं कि अर्थ शब्द से अलग नहीं होता। कविता की लय शब्द और अर्थ के संयुक्त रूप से बनती है। वह न अकेले शब्द से सिद्ध होती है, न अकेले अर्थ से। इस बात को टी. एस. इलिएट और आई. ए. रिचर्ड्स ने भी रेखांकित किया है।

2

कविता लिखी तो बाद में जाने लगी, पहले वह वाचिक परंपरा की ही चीज रही। कविता मूलतः श्रव्य कला है, जैसे चित्रकला दृश्य। जैसे-जैसे सभ्यता का विकास हुआ, मनुष्य ने कविता को भी दृश्य बना दिया। लिपि का आविष्कार हुआ और भाषा जो श्रव्य थी, लिखी जाने लगी। आज छापेखाने की मशीनों ने लिखित भाषा और लिखित काव्य को लोकप्रिय बना दिया है। लेकिन आज भी श्रव्य भाषा की तुलना में लिखित भाषा या श्रव्य काव्य की तुलना में लिपिबद्ध काव्य एक अपर्याप्त माध्यम है। इस अपर्याप्तता का बोध एक सचेत पाठक को बार-बार होता है। उच्चरित भाषा में जो आवेग और बलाघात होता है, उसे लिखित भाषा में ज्यों का त्यों दिखा पाना संभव नहीं है। कविता में इस आवेग और इन बलाघातों का बहुत

महत्त्व होता है। इनमें बहुत सारा अर्थ निहित होता है, बहुत सारा प्रभाव। लिपिबद्ध भाषा में कवि चित्त का वह भीतरी कंपन, जो शब्द का प्राण है, व्यक्त नहीं हो पाता। यह लिखित भाषा की सीमा है। विभिन्न चिह्नों के प्रयोग द्वारा इस सीमा को तोड़ने की कोशिशें होती हैं। वैदिक मंत्रों में उदात्त-अनुदात्त चिह्नों के प्रयोग किये जाते हैं। पर भीतर के आवेग को व्यक्त करने में ये चिह्न संभवतः अपर्याप्त ही रहेंगे। नीचे दो काव्य-पंक्तियाँ उद्धृत हैं, जिनमें एक क्रिया के अलावा केवल तीन ही शब्दों का प्रयोग हुआ है—

ऐसे वैसे कैसे कैसे हो गये
कैसे कैसे ऐसे वैसे हो गये

इन पंक्तियों में जो अर्थ और व्यंग्य है, उसे केवल कंठध्वनि और बलाघातों के द्वारा ही व्यक्त किया जा सकता है। यहाँ यह भी लक्ष्य किया जा सकता है कि इतने कम शब्दों में ऐसी अभिव्यक्ति कविता की ही विशेषता है। कविता वह माध्यम है जिसमें शब्द का कम से कम प्रयोग होता है। पीछे यह कहा गया है कि अर्थ के लिए कोई एक ही सटीक शब्द होता है और यह भी कि काव्यानुभव अपने साथ अपना रूप भी लेकर उभरता है—अपने छंद और अपनी लय के साथ। मैंने वाराणसी के एक समारोह में एक भोजपुरी लोकगीत सुना था, जिसकी आरंभिक ये पंक्तियाँ इस प्रकार हैं—

जब से हम अइलीं तोहरी महलिया
सुखवा सपन होइ गइलें
रे पियवा

इसी को मैंने बचपन में किसी अनाम विदेसिया गायक से इस प्रकार सुना था—

जब से हम अइली पीया तोहरी नगरिया हो
सुखवा सपन होइ गइलें रे पियवा।

गीत के पहले प्रारूप में 'महलिया' शब्द निरर्थक है। जब 'महल' है, तो दुख कैसा ? उसके स्थान पर गीत के दूसरे प्रारूप का 'नगरिया' शब्द सटीक है। इसी प्रकार गीत के पहले प्रारूप में 'अइलीं' और 'रे पियवा' शब्द पर बलाघात है तथा उसकी लय ऐसी है जैसे कोई बच्चा कूद रहा हो। इससे उस मनःस्थिति की अभिव्यक्ति नहीं होती, जिसे लोकगीतकार ने व्यक्त करना चाहा है। दूसरे प्रारूप के गीत में 'पीया', 'सुखवा' और 'सपन' पर बलाघात है। इसकी लय ऐसी है जैसे कोई आहत सर्प धीरे-धीरे सरक रहा हो। इस सटीक शब्द, बलाघात और लय में यह गीत एक गहरी पीड़ा, मजबूरी, पश्चात्ताप और उपालम्भ के संश्लिष्ट अनुभव को संप्रेषित करता है। कविता में ही नहीं साधारण वाक्य-विन्यास में भी जिस शब्द पर हम बल देते हैं, वाक्य से वैसा ही अर्थ निकलने लगता है। उदाहरण के लिए

एक वाक्य है—'वह मेरी पुस्तक है'। इस वाक्य में यदि हम 'वह' शब्द पर जोर देते हैं, तो एक अर्थ निकलता है; 'मेरी' शब्द पर जोर देते हैं तो दूसरा; 'पुस्तक' शब्द पर जोर देते हैं तो तीसरा। और 'है' क्रिया पर जोर देते हैं तो चौथा। पाठ और बलाघात से अर्थ का यह परिवर्तन कविता में बहुत स्पष्ट दिखाई पड़ता है। पाठ के द्वारा अर्थ को नयी चमक दी जा सकती है।

संस्कृत आचार्यों ने काव्यपाठ को बहुत महत्त्व दिया है। राजशेखर ने 'काव्यमीमांसा' के सातवें अध्याय में इस विषय पर विस्तृत और गंभीर विवेचन किया है। उन्होंने काव्यपाठ की विशेषताओं और उसके दोषों को बताते हुए उस समय भारत के विभिन्न प्रांतों में जो पाठ प्रचलित थे उनका जो सूक्ष्म विवेचन किया है उससे उनका 'यायावरीय' नाम भी सार्थक होता है। राजशेखर कहते हैं कि संस्कारवान व्यक्ति प्रयत्न करके काव्य-रचना तो कर सकता है, पर काव्य का पाठ तो वही कर सकता है जिसे सरस्वती सिद्ध हो—

> करोति काव्यं प्रायेण संस्कृतात्मा यथा तथा।
> पठितु वेत्ति स परं यस्य सिद्धा सरस्वती।।

बच्चन ने अपनी आत्मकथा के तीसरे खंड में लिखा है कि डब्लू. बी. येट्स कविता को मंत्र [Incantation] कहते थे। वे स्वयं अपनी कविताएँ स्वर और लय मे बाँधकर पढ़ते थे। येट्स शब्दों की अंतर्ध्वनियों से प्रभाव पैदा करने की कोशिश करते थे—बिना उनके अर्थों से किसी प्रकार का समझौता किये। दुनिया की लगभग सभी भाषाओं में अच्छा काव्यपाठ करने वाले कवियों की एक लंबी परंपरा है। कविता पाठ नहीं होती लेकिन पाठ कविता को सम्प्रेष्य बनाता है। कविता में छपे हुए शब्द जब कवि के मुँह से निकलते हैं तो उनका रूप कुछ दूसरा ही हो जाता है। किंतु कविता कवि द्वारा पढ़ी जाए या उसके प्रशंसक द्वारा या किसी अन्य अच्छा पढ़ने वाले द्वारा, वह कुछ समस्याएँ भी पैदा करती है। लिखित पाठ जब पढ़ने वाले की नाटकीयता और व्यक्तिगत कंठ-ध्वनि के अनुसार प्रस्तुत होता है तो उसका प्रभाव बदल जाता है। फिर उस कविता का रूप भी नया हो जाता है। इसी प्रकार जब साभिनय पाठ होते हैं तो कविता के साथ अभिनय भी जुड़ जाता है। या जब कविता का संगीतमय पाठ होता है, तो कविता के साथ संगीत भी जुड़ जाता है। ऐसे अवसरों पर यह बात स्पष्ट रहनी चाहिए कि कविता न अभिनय है, न संगीत। कविता का अपना अनुशासन अलग है, अभिनय का अलग, संगीत का अलग। हिन्दी में भी कवि सम्मेलनों की परंपरा बहुत प्राचीन रही है और अनेक महत्त्वपूर्ण कवि मंचों से काव्यपाठ करते रहे हैं। लेकिन आज के हिंदी कवि-सम्मेलन भड़ैती सम्मेलनों मे बदल गये हैं और कुछ ठेकेदार कवियों ने उन्हें पैसा कमाने का धंधा बना लिया है।

सुरसरि सम सब कहँ हित होई

आरंभ से लेकर अब तक अर्थात् भारत में भरतमुनि के समय से तथा यूरोप में प्लेटो के समय से लेकर अब तक के काव्यशास्त्रीय चिंतन में काव्य के दो प्रमुख प्रयोजन माने जाते रहे हैं—आनंद और उपदेश। सौंदर्यवादी या कलावादी विचारक प्रथम प्रयोजन को स्वीकार करते हैं। ये काव्य को निरपेक्ष, स्वायत्त और पूर्ण मानते हैं तथा उसके ऐतिहासिक-सामाजिक्र परिवेश को महत्त्व नहीं देते। इनके अनुसार कविता कविता के लिए होती है, किसी दूसरे लक्ष्य की सिद्धि के लिए नहीं। काव्य का प्रयोजन केवल आनंद है और उसके उत्कर्ष-अपकर्ष का एकमात्र मानदंड सौंदर्य। ये विचारक काव्य की आंतरिक विशेषताओं पर विचार करते हैं जैसे शब्द, छंद, लय, टेक्स्चर, स्ट्रक्चर, विसंगति, विडंबना आदि। ये वाह्य प्रतिमानों से कला का मूल्यांकन करना नहीं चाहते तथा उपदेश और नैतिकता को कला के बाहर की वस्तु मानते हैं। ये व्यक्तिनिष्ठता पर बल देते हैं, समाज पर नहीं। रूप पर बल देते हैं, वस्तु पर नहीं। इनके अनुसार अनुभूति का अन्य कोई प्रयोजन नहीं होता, वह अपना प्रयोजन स्वयं होती है। एडगर ऐलन पो, वाल्टर पेटर, आस्कर वाइल्ड, ब्रेडले, क्रोचे आदि सौंदर्यवादी—कलावादी विचारक हैं।

प्लेटो ने काव्य को समाज के नैतिक सुधार का साधन माना था और इस आधार पर काव्य को त्याज्य बताया। अरस्तू ने काव्य में आनंद के मूल्य को स्वीकार किया। उनके अनुसार विरेचन से मनुष्य को निर्दोष आनंद की प्राप्ति होती है। होरेस काव्य का प्रयोजन उपदेश और आनंद दोनों का समन्वय मानते हैं। लोंगिनुस आह्लाद को ही काव्य का प्रयोजन मानते हैं। वे उपदेश आदि को महत्त्व नहीं देते। वर्ड्सवर्थ के अनुसार काव्य का प्रयोजन आनंद तो है ही, वह लोकमंगल का भी साधक है। वर्ड्सवर्थ काव्य के नैतिक पक्ष पर भी जोर देते हैं; उनके अनुसार काव्य मनुष्यों को झटका देकर रागात्मक उदासीनता से जगाता है। मानवीय संकीर्णताओं को दूर कर संवेदन का विस्तार करता है। पाठक में विनम्रता और मानवीयता का

संचार करता है। वर्ड्सवर्थ ने तो यहाँ तक कहा है कि प्रत्येक महान कवि शिक्षक होता है। मैं चाहता हूँ कि या तो मैं शिक्षक समझा जाऊँ या कुछ नहीं।[1] कॉलरिज कविता का मूल प्रयोजन आनंद को स्वीकार करते हैं। उनके अनुसार कला जिस सौंदर्य को रूपायित करती है, वह सौंदर्य-भावना अंतःप्रेरित [Intuitive] होती है। उसमें उपयोगिता और शिवत्व ढूँढ़ना व्यर्थ है। क्रोचे के अनुसार कला उपयोगिता और नैतिकता तथा सभी व्यावहारिक मूल्यों से निरपेक्ष और स्वतंत्र होती है।[2] इलिएट के अनुसार कविता का कुछ न कुछ संबंध नैतिकता, धर्म और राजनीति से भी है। लेकिन वह क्या है, इसको इलिएट स्पष्ट नहीं करते।[3] वे कहते हैं कि साहित्य की महानता केवल साहित्यिक प्रतिमानों से निर्धारित नहीं हो सकती; लेकिन वह साहित्य है या नहीं, इसका निर्धारण केवल साहित्यिक प्रतिमानों से ही संभव है।[4] इलिएट के अनुसार साहित्यिक कृतियों की नैतिकता-अनैतिकता का निर्णय प्रत्येक पीढ़ी अपनी नैतिक संहिता के अनुसार करती है। पीढ़ियों की यह नैतिक संहिता बदलती रहती है। रिचर्ड्स आनंद को कविता का प्रयोजन नहीं मानते। उनके अनुसार आनंद के लिए कविता पढ़ने की बात करना वैसे ही हास्यास्पद है जैसे यह कहना कि कोई गणितज्ञ आनंद के लिए समीकरण [Equation] हल करता है। रिचर्ड्स कला में नैतिकता के समर्थक हैं। किंतु वे यह मानते हैं कि समाज में कोई एक नैतिक व्यवस्था संभव नहीं है, जो सबके लिए समान रूप से उपयोगी और हितकारी हो; क्योंकि समाज के हर मनुष्य में अंतर होता है। इसीलिए वे नैतिकता का कोई सामान्य सामाजिक आधार न मानकर उसे व्यक्ति के साथ जोड़ते हैं और व्यक्ति की 'इच्छाओं की संतुष्टि' में ही मूल्य और नैतिकता की स्थिति मानते हैं। उनके अनुसार मूल्य का संबंध इच्छाओं की संतुष्टि से है और "कोई भी वस्तु जो इच्छा को संतुष्ट करती है, मूल्यवान है।"[5]

क्योंकि कविता एक मानवीय सर्जना है; अतः उसे मानव-मूल्यों से बिल्कुल निरपेक्ष मानना संगत नहीं लगता। कला-चिंतकों ने कला-रचना के मूल में मनुष्य की जिस सृजनेच्छा को स्वीकार किया है, वह प्रयोजनातीत नहीं है। मनुष्य अपनी

---

1. Every great poet is a teacher. I wish either to be considered as a teacher or as nothing—Preface to Lirical Ballads.
2. Art is independent both of science and the useful and the moral.–Aesthetic, p. 52.
3. Poetry as certainly has something to do with morals and with religion and even with politics perhaps, though we can not say what. —The Secred Wood, p.10.
4. The greatness of literature can not determind solely by literary standards, though we must remember that whether it is literature or not can be determined only by literary standards. —Selected Prose, p. 32.
5. Any thing is valuable which satisfies an appetency. —Principles of Literary Criticism, p. 47.

जिजीविषा के कारण, अपनी विकास-यात्रा में अनेकानेक प्रयोजनों के वशीभूत हुआ होगा और प्रकृति से निरंतर मुठभेड़ करते हुए संस्कृति की दिशा में अग्रसर हुआ होगा। भाषा भी ऐसे ही मानवीय प्रयोजनों की उपज है, इसलिए प्रयोजनवती है। उसका कुछ न कुछ अर्थ होता है। भाषा समाज द्वारा स्वीकृत होकर ही अर्थ देती है। भाषा या वाक् या वाणी में ध्वनि या वर्ण ही होते हैं, किंतु उनका संयोजन-क्रम समाज-स्वीकृत नियमों में हुआ है। वर्णों या ध्वनियों से 'पद' बनते हैं। इनको बनाने के प्रयत्न में ही समाज सामने आ जाता है। समाज द्वारा स्वीकृत पद ही वाह्य जगत के अर्थ का संकेत करते हैं, जिन्हें 'पदार्थ' कहते हैं। उदाहरण के लिए 'जल' शब्द का अर्थ समाज द्वारा स्वीकृत है, लेकिन इसी को यदि हम 'लज' कहें तो इसका कोई अर्थ नहीं है, क्योंकि यह समाज द्वारा स्वीकृत नहीं है। अतः भाषा का निर्माण ही लोक द्वारा लोक के लिए हुआ है। जो लोग कविता का कोई प्रयोजन नहीं मानते उन्हें ध्यान देना चाहिए कि कवि के भीतर एक सहृदय पाठक या श्रोता भी निरंतर उपस्थित रहता है। उसकी संख्या चाहे कम हो या ज्यादा पर कवि अपनी सृजन-प्रक्रिया में अपनी कविता सबसे पहले उसे, अपने भीतर के पाठक-श्रोता को सुनाता है।

भारतीय आचार्यों ने काव्य को सोद्देश्य माना है। इसीलिए भरतमुनि से लेकर कविराज विश्वनाथ तक सभी ने काव्य के प्रयोजन पर विचार किया है। भारतीय चिंतन में धर्म, अर्थ, काम और मोक्ष जीवन के चार पुरुषार्थ माने गये हैं। अतः काव्य का प्रयोजन भी व्यापक रूप में इन्हीं पुरुषार्थों की सिद्धि है। आचार्य मम्मट ने काव्य के छः प्रयोजनों का उल्लेख किया है—यश, अर्थ, व्यावहारिक ज्ञान की प्राप्ति, अमंगल का नाश, शीघ्र आनंद की प्राप्ति तथा कांतासम्मति अर्थात् सरस-मधुर उपदेश—

काव्यं यशसेऽर्थकृते व्यवहारविदे शिवेतरक्षतये।
सद्यः परनिर्वृतये कान्तासम्मिततयोपदेशयुजे।।

—काव्यप्रकाश

मम्मट के इस कथन में पूर्ववर्ती भारतीय आचार्यों द्वारा निर्दिष्ट सभी काव्य प्रयोजनों का समावेश हो गया है तथा परवर्ती आचार्यों ने भी प्रायः मम्मट के ही मत को दुहराया है।

अभिनवगुप्त ने कहा है कि काव्य का जन्म तब होता है, जब कवि के भीतर शिव का उदय होता है। शिव अर्थात् मंगल। यही हिंदी के महान कवि तुलसीदास का काव्यादर्श है, जो उनकी इन अमर पंक्तियों में व्यक्त हुआ है—

कीरति भनिति भूति भलि सोई।
सुरसरि सम सब कहँ हित होई।।

जयशंकर प्रसाद ने लिखा है—"काम मंगल से मण्डित श्रेय, सर्ग इच्छा का

है परिणाम'' (कामायनी)। मानव की विकास-यात्रा प्रकृति से संस्कृति की यात्रा रही है। संस्कृति की दिशा मंगल की ही दिशा होती है। हजारी प्रसाद द्विवेदी ने अपने 'लालित्य तत्त्व' के अध्ययन के सिलसिले में विस्तार से उल्लेख किया है कि अब यह प्रमाणित होने लगा है कि आदिमानव की कल्पना और रूप-सृष्टि के मूल में उल्लास और मंगल की ही भावना थी, भय की नहीं।[1] पहले अनेक विचारक यह मानते थे कि आदिमानव ने भय की भावना के वशीभूत होकर भूतों और दैत्यों की कल्पना की थी। भय और रक्षा संबंधी इन्हीं कल्पनाओं से सर्वशक्तिमान ईश्वर की कल्पना हुई होगी। आज भी अनेक विचारक ऐसा ही मानते हैं। सरजेम्स फ्रेजर ने पहली बार इसका प्रतिवाद किया। उन्होंने अपने समय में प्राप्त आदिमतम जातियों के गान, शिल्प, विश्वास आदि के आधार पर अपने निष्कर्ष प्रस्तुत किये। आदिमानव ने जो भित्ति और गुफाचित्र बनाए, उसके दो कारण थे। एक यह कि आदिमानव का विश्वास था कि जिस चीज का चित्र बनाया जाता है, वह बढ़ती है, जैसे अगर एक हरिण का चित्र बनाया जाये तो वन में हरिणों की वृद्धि होगी। दूसरा कारण यह कि आदिमानव चित्र को वास्तविक वस्तु का प्रतिनिधि मानता था। उसका विश्वास था कि गाय का चित्र उसके पास होगा तो उसके पास गाय भी रहेगी। तात्पर्य यह कि आदिमानव की कल्पना और रूप-रचना मांगल्यमूलक थी, भयमूलक नहीं। सन् 1903 में एस. रैनेक [S. Rannack] ने लगभग बारह सौ प्रागैतिहासिक चित्रों को प्रकाशित किया था, जिनसे फ्रेजर के निष्कर्षों की पुष्टि हुई। वस्तुतः मनुष्य की प्रथम रूप-सृष्टि आनंदमूलक थी। भयमूलक सृष्टि बाद में शुरू हुई, जब मनुष्य में तर्कबुद्धि का विकास हुआ होगा और उसने सोचा होगा कि कहीं कुछ बाधक कारण हैं जिनसे उसकी इच्छाओं की पूर्ति नहीं होती है। हजारीप्रसाद द्विवेदी ने काव्य के लिए वाक्तत्त्व के साथ उसके विनायक धर्म को भी आवश्यक माना है। काव्य के मंगलमूलक चरित्र को ही उसका 'विनायक धर्म' कहते हैं।[2] क्योंकि कविता शब्द में होने वाली मनुष्य की सबसे बड़ी रचनात्मक कोशिश है। अतः उसकी दिशा मंगल की ही दिशा होती है। मनुष्य की भाषा-रचना के मूल में ही लोक और मंगल की भावना निहित है। आचार्य रामचन्द्र शुक्ल क्रोचे, ब्रेडले आदि कलावादियों का विरोध करते हुए काव्य के लिए इसी 'लोकमंगल' के प्रतिमान को स्थापित करते हैं।

देश और काल के अनुसार कविता के प्रयोजन संबंधी धारणाएँ भी बदलती रहीं हैं। मार्क्सवादी विचारकों के अनुसार समाज का बुनियादी आधार आर्थिक है तथा साहित्य, कला, संगीत आदि उसी पर आधारित ऊपरी ढाँचे हैं। बुनियादी आधार के बदलने पर ऊपरी ढाँचा भी बदल जाता है। मार्क्सवादी विचारक कविता

1. देखिए, हजारीप्रसाद द्विवेदी ग्रंथावली, खंड 7

2. देखिए, हजारीप्रसाद द्विवेदी गंथावली, पृ. 80-81

को भी क्रांतिकारी परिवर्तन का औजार [Instrument] मानते हैं। उनकी दृष्टि में कविता को सर्वहारा का पक्षधर होना चाहिए। उसे प्रतिबद्ध होना चाहिए तथा वर्ग-संघर्ष में सर्वहारा का साथ देकर क्रांतिकारी परिवर्तन में अपनी भूमिका निभानी चाहिए। इस संदर्भ में मार्क्स, लेनिन और माओत्से तुंग के विचारों से लगभग सभी प्रबुद्ध पाठक परिचित हैं। इसी संदर्भ में कविता और विचारधारा का सवाल भी उठाया जाता है। मार्क्सवादी विचारकों के अनुसार 'विचारधारा' एक वर्ग-विशेष की राजनीति का पर्याय है। वह वर्ग-दृष्टिकोण से अलग नहीं है। व्यक्ति अपनी वर्गीय स्थिति से बँधा रहता है। वह भले ही बहुत ईमानदारी से किसी सिद्धांत की स्थापना करे, लेकिन अनजाने ही वह एक वर्ग के पक्ष में अपना सिद्धांत बनाता है और उसी वर्ग के पक्ष में उसका उपयोग भी करता है। मार्क्सवादी लेखकों के अनुसार मार्क्सवादी विचारधारा ही सही विचारधारा है। लेनिन के अनुसार साहित्य को मजदूर वर्ग की महान सामाजिक मशीन का 'दाँता और पेंच' होना चाहिए।[1]

कविता और विचारधारा के प्रसंग में यह बात बराबर ध्यान में रहनी चाहिए कि कवि के लिए सर्जनात्मक प्रतिभा और संवेदनशीलता प्राथमिक आवश्यकताएँ हैं। दूसरी बात यह कि कविता में जो विचारधारा आती है वह एक निश्चित कलात्मक संगठन के भीतर आती है। वैसे तो कोई भी कवि दृष्टिहीन या विचारहीन नहीं होता; किंतु एक बड़े कवि का अपना ऐसा विचार-दर्शन होता है, जिससे वह वाह्य जगत की चीजों और अंतर्जगत की भावनाओं को देखता है। जिस कवि में कोई विचारदृष्टि नहीं होती, उसकी रचना भी छूँछी लगती है। मगर कवि के विचार रचना में वैसे ही उसके अंग बनकर निहित होते हैं जैसे फूल में रंग और गंध। जिन कविताओं में कवि अपने विचार तुरंत लुटाना चाहता है, वे सरलीकृत विचार होते हैं जो पैबंद की तरह शब्दों से चिपके होते हैं और जिन्हें पा लेने की कोई खुशी पाठक को नहीं होती। वह उन्हें इतनी आसानी से पा लेता है कि वे उसके लिए दो कौड़ी के हो जाते हैं। कविता उपदेश या प्रचार नहीं होती। वह सूक्ष्म और सांकेतिक होती है। वस्तु और रूप की इस एकता को मार्क्सवादी विचारक भी स्वीकार करते हैं। माओत्से तुंग कहते हैं, "वे कलाकृतियाँ, जिनमें कलात्मक प्रतिभा का अभाव होता है बिल्कुल शक्तिहीन होती हैं, चाहे वे राजनीतिक दृष्टि से कितनी ही प्रगतिशील क्यों न हों। इसीलिए हम ऐसी कलाकृतियों के सृजन का, जिनका राजनीतिक दृष्टिकोण गलत होता है—पोस्टरबाजी और नारेबाजी जैसी शैली वाली उन कलाकृतियों के सृजन का, जिनका राजनीतिक दृष्टिकोण तो सही होता है लेकिन जिनमें कलात्मकता का अभाव होता है, दोनों ही प्रवृत्तियों का विरोध करते हैं।"[2]

---

1. देखिए, 'पार्टी संगठन और पार्टी साहित्य' लेख।
2. माओ की चुनी हुई कृतियाँ, भाग 3.

कविता और विचारधारा संबंधी मार्क्सवादी दृष्टि के संदर्भ मे सबसे बड़ी समस्या महान साहित्यकारों की कालजयी कृतियों और अन्य श्रेष्ठ रचनाओं के मूल्यांकन को लेकर उपस्थित होती है, क्योंकि ये कृतियाँ अपने वर्ग और युग का अतिक्रमण करती दिखाई पड़ती हैं। इस प्रकार की तमाम रचनाएँ ऐसे आलोचकों के सामने चुनौती की तरह होती हैं। 'रामचरितमानस' और 'कामायनी' में एक खास दृष्टि बहुत व्यवस्थित ढंग से उभरती है। इन कृतियों की विचार-दृष्टि किसी को गलत लग सकती है, पर इनमें काव्यात्मक सौंदर्य नहीं है, ऐसा नहीं कहा जा सकता। वस्तुतः यह सोचना कि रचनाकार अपनी वर्गीय स्थिति का अतिक्रमण नहीं कर सकता, कम से कम रचनाकार के संदर्भ में पूरा सच नहीं है। कल्पना और परकाय-प्रवेश की शक्तियाँ रचनाकार की ऐसी शक्तियाँ हैं, जो उसे विभिन्न युगों, विभिन्न स्थितियों और विभिन्न स्वभावों के चित्रण की अद्‌भुत सामर्थ्य देती हैं। सच्चाई यह है कि कुछ अपवादों को छोड़कर कवि की विचारधारा हमेशा प्रगतिशील होती है। वह एक ओर अपने समय के व्यापक जन के पक्ष में होता है और दूसरी ओर न्यायोचित विवेक के। इसी को तुलसी ने कहा है, 'कहब लोकमत साधुमत'। रचनाकार 'लोकमत' और 'साधुमत' दोनों को स्वीकार कर अपनी दृष्टि निर्मित करता है। वह लोक के पक्ष में होते हुए भी लोकरुचि का दास नहीं होता बल्कि अपनी बुनियादी स्वतंत्रता का उपयोग करते हुए, समाज के एक अंग के रूप में जो महसूस करता है, उसे निर्भीकता के साथ व्यक्त करता है। वास्तविकता यह है कि समाज अपने रोग और उसकी जटिलता के बारे में ठीक-ठीक नहीं जानता। कवि या रचनाकार उसे इसकी सही जानकारी कराता है। जैसा कि आर. जी. कलिंगवुड ने कहा है, "कला मस्तिष्क के रोग और चेतना की भ्रष्टता के लिए समाज की दवा है।"[1] कवि आज तक की मनुष्यता के विकास-क्रम में अर्जित उच्चतर मूल्यों की हिमायत करता है, नैतिक आदर्शों की स्थापना की कोशिश करता है, समता और सामाजिक न्याय में विश्वास करता है। इस व्यापक मानववाद का आधार प्रेम और करुणा है, जो उसी शोषित और सर्वहारा के प्रति होती है जिसकी ओर मार्क्सवाद ले जाता है। मानववादी कवि पार्टी प्रतिबद्धता की बात भले न करता हो, पर वह जिस मानव का पक्ष लेता है वह शोषित-पीड़ित-उपेक्षित मनुष्य ही होता है। शोषण और उत्पीड़न के पक्ष में लिखी जाने वाली कोई कविता 'कविता' नहीं हो सकती। इसी मानववादी आधार पर मार्क्सवादी आलोचक गैरविचारधारा की कविता का मूल्यांकन करके उसे श्रेष्ठ ठहरा पाते हैं। हिंदी आलोचक रामविलास शर्मा ने इसी आधार पर अपनी परंपरा का मूल्यांकन किया है और तुलसी तथा अन्य संत भक्त कवियों को महत्त्वपूर्ण स्थान दिया है। उर्दू के मार्क्सवादी आलोचक इसी

---

1. कला के सिद्धांत, पृ. 325

आधार पर मीर और ग़ालिब को महत्त्व देते हैं तथा बंगला के मार्क्सवादी आलोचक रवीन्द्रनाथ टैगोर को।

कविता मनुष्य को क्या देती है ? वह कुछ ऐसा नहीं देती जिसे पाठक एक दो तीन में गिनकर अपने पर्स में बंद कर ले। वह पाठक की संवेदना का विस्तार करती है। उसकी उस दृष्टि को बदल देती है जिससे अब तक वह चीजों को देखता आ रहा था। उसकी आँखों में कुछ ज्यादा रोशनी आ जाती है या चीजों के इर्द-गिर्द कुछ ज्यादा रोशनी हो जाती है। कोई भी अच्छी कविता पढ़ने के बाद पाठक वही नहीं रह जाता, जो पढ़ने के पहले था। वह थोड़ा और मनुष्य बन जाता है। कविता एक बेहतर मनुष्य बनाती है। 'बाणभट्ट की आत्मकथा' में भट्टिनी बाणभट्ट से कहती है, "तुम आर्यावर्त के द्वितीय कालिदास हो, तुम्हारे मुख से निर्मल वाग्धारा झरती है।...तुम्हारे मुख में सरस्वती का निवास है। तुम इस मलेच्छ कही जाने वाली निर्दय जाति के चित्त में समवेदना का संचार कर सकते हो, उन्हें स्त्रियों का सम्मान करना सिखा सकते हो, बालकों को प्यार करना सिखा सकते हो।" प्रेम और करुणा के ये मूल्य कविता के शाश्वत सरोकार हैं। आज के वैज्ञानिक-यांत्रिक युग का मनुष्य न केवल प्रकृति से दूर होता जा रहा है, बल्कि वह इस भाषा में सोचने लगा है कि प्रकृति उसके लिए उपभोग्य है। कविता न केवल मनुष्य और मनुष्य के, बल्कि मनुष्य और प्रकृति के रिश्ते भी बदल देती है। संस्कृत कवि कालिदास के काव्य में मनुष्य और प्रकृति का यह गहरा तादात्म्य अद्भुत है। 'रघुवंश' में सिंह राजा दिलीप से कहता है, "और यह जो तुम्हारे सामने बड़ा देवदारु दिखाई दे रहा है, इसे शंकरजी अपने पुत्र के समान मानते हैं क्योंकि स्वयं माँ पार्वती ने अपने सोने के घटरूपी स्तनों के रस से सींच-सींच कर इतना बड़ा किया है"—

> अमं पुरः पश्यसि देवदारु पुत्रीकृतोऽसौ वृषभध्वजेन।
> यो हेमकुम्भस्तननिःसृतानां स्कन्दस्यमातुः पय सां रसज्ञः ।।

वृक्ष को माँ पार्वती के स्तनों के दूध से पालने की कल्पना मानवीयता की चरम कल्पना है। 'भाव या मनोविकार' शीर्षक निबंध में आचार्य शुक्ल लिखते हैं, "जब मनुष्य के सुख और आनंद का मेल शेष प्रकृति के सुख-सौंदर्य के साथ हो जायेगा; जब उसकी रक्षा का भाव तृण-गुल्म, वृक्ष-लता, पशु-पक्षी, कीट-पतंग—सबकी रक्षा के भाव के साथ समन्वित हो जायेगा, तब उसके अवतार का उद्देश्य पूर्ण हो जायेगा और वह जगत का सच्चा प्रतिनिधि हो जायेगा। काव्य-योग की साधना इसी भूमि पर पहुँचाने के लिए है." शुक्लजी ठीक कहते हैं। कविता की चरम साधना यही है। अगर इसे न स्वीकार किया जाये तो फिर वह एक प्रतिक्रिया मात्र है। मन की विकृतियों की उपज। अतृप्ति, असंतोष, खीज, गुस्सा, त्रास आदि में व्यक्त होने वाली कविता का आकाश बहुत सँकरा होता है। उसे श्रेष्ठ कविता नहीं कहा जा सकता। तुलसी ने 'मानस' के आरंभ में लिखा—'स्वांतः सुखाय' और अंत में

लिखा—'स्वान्तस्तमः शान्तये'। 'सुख' की उपलब्धि और 'तम' की शांति—कविता के ये बड़े प्रयोजन हैं।

संसार को ज्यों का त्यों चित्रित कर देने मात्र से कविता का प्रयोजन सिद्ध नहीं होता। कवि अपने ही सुख-दुख का बयान कर दे, तो भी काव्य का प्रयोजन सिद्ध नहीं होता। उसे लोक के लिए कविता रचनी पड़ती है। उसे एक ऐसी शक्ल देनी पड़ती है, जो दूसरे के लिए भी अर्थवान हो। इसीलिए कविता में वाह्य यथार्थ का विवरण या कवि का निजी सुख-दुख अंतिम महत्त्व की चीज नहीं है। कवि के सामने जो अनंत रूपात्मक जगत है उसमें से कितना ग्रहण करे और कितना छोड़े, यह सिद्ध कवि समझ लेता है। उसकी कल्पना और रूप-निर्माण करने वाली सर्जना-शक्ति केवल प्रासंगिक अंश को ही देखती और व्यक्त करती है। जैसे मूर्तिकार को पत्थर के एक विशेष टुकड़े में केवल वह आकृति दिखाई पड़ती है जिसे वह उसमें से निकालना चाहता है। कवि का काम दिखाना नहीं, खुद देखना होता है। कवि जब देखता है तो उसकी आँख से पाठक या श्रोता भी देखता है। आँखें तो सबके पास होती हैं, लेकिन सब लोग ठीक-ठीक नहीं देख पाते। हमारे यहाँ कवि को 'द्रष्टा' कहा गया है। उसकी दृष्टि सम्यक् दृष्टि होती है। उसकी दृष्टि से देखने वाला पाठक महसूस करता है कि वह दुनिया को एक नयी और सच्ची दृष्टि से देख रहा है।

वस्तुतः कविता के पढ़ने से जो कुछ मिलता है, उसे अंतिम विश्लेषण के बाद 'आनंद' कहा जाये तो कोई हर्ज नहीं है। यदि कविता से पाठक को नयी रोशनी मिलती है, उसकी संवेदना और समझ का विस्तार और परिष्कार होता है, उसके भीतर का क्षितिज थोड़ा और चौड़ा होता है, वह अपने को थोड़ा और वयस्क महसूस करता है, वह एक बेहतर मनुष्य बनता है, उसे कोई प्रेरणा मिलती है, उसकी इंद्रियाँ नये कलात्मक अनुभवों के प्रति सजग होती हैं तो क्या इन सबसे उसे 'आनंद' का अनुभव नहीं होता ? यहाँ 'आनंद' और 'मनोरंजन' का भेद करना जरूरी होगा। जो कविता हल्के मनोरंजन के लिए लिखी जाती है, पाठक की चमत्कार और कौतुक वृत्ति को तात्कालिक सुख देने वाली; वह कविता घटिया होती है। यह कविता का लक्ष्य नहीं है। लेकिन जो कविता ऐसी नहीं होती और जो पाठक को सचमुच समृद्ध करती है वह पाठक के मन की गहराइयों में जाकर उसे गहरा आनंद देती है। आनंद प्रदान करना कवि का स्पष्ट प्रयोजन हो या न हो पर यदि कविता से पाठक कुछ प्राप्त करता है, तो उसे उस प्राप्ति का आनंद भी प्राप्त होता ही है। कवि अपने को व्यक्त करके, अपनी अनुभूतियों को सार्वजनिक बनाकर, दूसरों को देकर, आनंद का अनुभव करता है और पाठक काव्य में अपने को पाकर, अपने को थोड़ा चौड़ा और थोड़ा गहरा महसूस कर आनंद प्राप्त करता है। यही कला का आनंद है।

बिना इस बात पर बहस किये कि चेतना से पदार्थ की उत्पत्ति हुई या पदार्थ से चेतना की, यह मानने में किसी को कोई आपत्ति नहीं होगी कि जीवन के दो

पक्ष होते हैं–स्थूल और सूक्ष्म। प्रकृति में जहाँ स्थूल वृक्ष हैं वहाँ सूक्ष्म गंध भी। आदमी ने जहाँ बड़े-बड़े स्थूल निर्माण किये हैं, वहाँ उन्हें सूक्ष्म ढंग से सजाने की कोशिशें भी की हैं। वैसे तो काव्य और कला का क्षेत्र स्थूल और सूक्ष्म दोनों का क्षेत्र होता है पर भाषा की प्रकृति, काव्य-रचना की प्रक्रिया और पाठक पर पड़ने वाले उसके प्रभावों की गति को देखते हुए यह मानना ज्यादा सही है कि उसका क्षेत्र स्थूल से ज्यादा सूक्ष्म का ही है। जिनके भीतर 'सच' का, 'अर्थ' का 'प्रयोजन' का या 'उपयोगिता' का बहुत ज्यादा आग्रह हो और जो उसे तुरंत पा लेना चाहते हों, उन्हें कविता के पास नहीं आना चाहिए। (ऐसे लोग आते भी नहीं हैं। प्रायः ठेकेदारी या व्यापार करते हैं। लेकिन कभी-कभी गलती से चले आते हैं और यहीं अपने को आजमाने लगते हैं।) कविता के पास आने वालों में थोड़े धैर्य की जरूरत होती है, शब्द की दुनिया पर भरोसा करने की जरूरत होती है–ऐसे धैर्य और विश्वास की जरूरत होती है, जो प्रेमी के भीतर होता है, बलात्कारी के भीतर नहीं।

कविता जिस भाव-सत्य को अपना क्षेत्र बनाती है, वह विज्ञान का क्षेत्र नहीं हो सकता। लेकिन काव्य-सत्य किसी भी अर्थ में विज्ञान के सत्य से कम महत्त्वपूर्ण या छोटा नहीं होता। अनुभूति से कवि जहाँ पहुँचता है, वहाँ गणित के माध्यम से वैज्ञानिक पहुँचे या नहीं, इससे कोई फर्क नहीं पड़ता। फर्क उन्हीं को पड़ता है जो विज्ञान को ही सत्य और सर्वश्रेष्ठ स्वीकार करते हैं। विज्ञान का आग्रह सत्य पर होता है। कविता का क्षेत्र शिव और सुंदर का क्षेत्र है। वह सत्य को मंगल और आनंद का विषय बनाती है। कविता का सच जटिल होता है। वह ऐसा नहीं होता जिसे दो पंक्तियों मे कह दिया जाये। कविता 'सच' नहीं 'सच की प्रक्रिया' है। सच तक पहुँचने का मार्ग और संघर्ष। जिनका इस पर विश्वास नहीं उनकी दृष्टि नितांत तात्कालिक, प्रयोजनवती, उपयोगितावादी और निष्कर्षवादी दृष्टि है। यह कर्मवादी नहीं, फलवादी दृष्टि है। इस दृष्टि में सत्ता और पद और पैसा और साध्य महान होता है। इसमें साधन का, साधना का, कर्म का कोई मूल्य नहीं। इस दृष्टि से कविता का मूल्यांकन कठिन हो जाता है।

निराला ने लिखा है–'गहन है यह अँधकारा'। और आगे 'खड़ी है दीवार जड़ को घेर कर'। कवि हमेशा अपने को एक प्रकार के बंधन में पाता है। वह अपने शब्दों से अंधकार की–जड़ता की दीवार को तोड़ना चाहता है। वह एक बेहतर दुनिया का सपना देखता है। मुक्तिबोध ने कहा है–'जो है उससे बेहतर चाहिए'। एक बेहतर कविता एक बेहतर दुनिया का विकल्प प्रस्तुत करती है। 'सपना' शब्द से चौंकने की जरूरत नहीं है। जिसके भीतर सपना नहीं है, वह कविता नहीं लिख सकता। हर बड़े विचारक के भीतर एक सपना होता है। हर बड़े कवि के भीतर एक सपना होता है। मार्क्स के भीतर राज्यविहीन शोषणमुक्त समाज का सपना था और तुलसी के भीतर रामराज्य का। अकबरकालीन फारसी के मशहूर शायर उरफ़ी ने अपने एक शे'र में

कहीं लिखा है—जिस आदमी में रेत को देखकर जल का भ्रम नहीं पैदा होता, समझना चाहिए कि उसके होंठों में प्यास नहीं है।

राजशेखर ने 'काव्यमीमांसा' के चतुर्थ अध्याय में लिखा है कि बुद्धि तीन प्रकार की होती है—स्मृति, मति और प्रज्ञा। पिछले अनुभूत विषयों का स्मरण रखने वाली बुद्धि स्मृति कहलाती है। वर्तमान विषयों का मनन करने वाली बुद्धि का नाम मति और भविष्यदर्शिनी बुद्धि का नाम प्रज्ञा है। कवि के लिए तीनों प्रकार की बुद्धि उपकारक और आवश्यक है। कविता में तीनों प्रकार की बुद्धि सक्रिय होती है। जो लोग केवल वर्तमान को ही सत्य मानते हैं या तात्कालिकता का ही ज्यादा आग्रह करते हैं, वे भूल करते हैं। समकालीन या वर्तमान का सच अंतिम तो नहीं होता। विज्ञान का सच भी बदलता रहता है। एक खोज होती है, फिर दूसरी उसे गलत साबित कर देती है। सो सच यदि कोई है तो वह विकास का ही सच है। विकास का सच ही अंतिम है। और, विकास का सच केवल वर्तमान या समकालीन नहीं होता। वह भूत और भविष्य को जोड़ने वाला होता है। वर्तमान तो क्षण मात्र में ही भूत हो जाता है। मनुष्य के साथ उसकी स्मृतियाँ और उसके सपने भी होते हैं। भाषा स्वयं हमारी सबसे पुरानी स्मृति है। कवि अनुभवों को कल्पना और स्मृति के द्वारा ही पकड़ता है और, कल्पना और स्मृति में ही रूपांतरित भी करता है। इस बिखरी हुई दुनिया में जहाँ बहुत-सी निरर्थक चीजें बेतरतीब होती हैं, कवि अपनी कल्पना और स्मृति के सहारे उन्हें गढ़-गुढ़, छील-छाल, तोड़-मोड़, जोड़-घटा कर एक अर्थवान रूप दे देता है। उसी को हम कला या रचना या कविता कहते हैं। जो घटित है वह स्मृति बनता है। फिर वह स्वप्न और कल्पना में रूपांतरित होता है और अंत में कला में। रचना का यही क्रम है। रचना रचनाकार के भीतर से जन्म लेती है—एक व्यक्ति के भीतर से जो अकेला होता है अपने अनुभवों के साथ। फिर वह कौन-सी चीज है, जो रचना को सार्वभौम बना देती है ? वह वही है जिसे हम 'स्मृति' और 'कल्पना' कहते हैं, 'मति' और 'प्रज्ञा' कहते हैं। जो अकेले रचनाकार को 'समूह' के साथ और 'यथार्थ' तथा 'परिवेश' के साथ जोड़ती है। दुनिया भर के कालजयी कवियों की प्राचीनतम अभिव्यक्तियाँ आज भी हमारे लिए अत्यंत प्रासंगिक लगती हैं तो इसलिए नहीं कि उन कवियों ने हस्त-रेखाओं या नक्षत्रों के आधार पर भविष्यवाणियाँ की हैं, बल्कि इसलिए कि उन्होंने स्मृति, मति और प्रज्ञा का निर्मल उपयोग किया है। कवि काल में पीछे और आगे साथ-साथ यात्रा करता है। इसके उदाहरण सभी बड़े कवियों में मिल जायेंगे।

दुनिया-भर के कवियों ने अपने देश, अपनी धरती और अपनी प्रकृति के ऐश्वर्य के गीत गाये हैं; लेकिन ऐसा उन्होंने अपनी धरती को और मनुष्य को बाँटने के लिए नहीं किया है। जिस रवीन्द्रनाथ ठाकुर का गीत भारत के राष्ट्रगीत के रूप में गाया जाता है, वही रवीन्द्रनाथ लिखते हैं—

सब ठाँइ मोर घर आछे आभि सेई घर मरि खूजिया
देशे देशे मोर देश आछे आभि सेई देश लेबो जूझिया

(सब जगह मेरा घर है, मैं उसी घर को खोज रहा हूँ। सभी देशों में मेरा देश है, मैं उसी देश को पाने के लिए जूझ रहा हूँ।) कुछ लोग ऐसा भी मानते हैं कि उर्दू के प्रसिद्ध शायर इक़बाल जिन्होंने 'सारे जहाँ से अच्छा हिंदोस्ताँ हमारा' जैसी प्रसिद्ध कविता लिखी थी, उन्होंने ही अपनी शायरी द्वारा पाकिस्तान के निर्माण की प्रेरणा दी।[1] मैं इक़बाल की शायरी पर बिना कोई अपनी टिप्पणी दिये यह कहना चाहूँगा कि जो कविता देश, जाति या धर्म के आधार पर एक आदमी को दूसरे से अलग करती है, उसे कविता मानने में मुझे एतराज होगा। मनुष्य चाहे जहाँ रहे, जिस वेश-भूषा, रंग-रूप में हो, अपनी वेदना (सुख-दुख) में एक स्तर पर होता है। इसीलिए उसकी अभिव्यक्तियाँ देश-काल का अतिक्रमण कर जाती हैं। 'धरती एक है' और 'मनुष्य एक है', 'नर लोक से किन्नर लोक तक सब में एक ही रागात्मक हृदय व्याप्त है,' 'सभी सत्ताएँ एक ही सत्ता की अंश हैं'—यह बात संस्कृत और हिंदी के कवियों-लेखकों ने बार-बार दुहराई है। उद्धरण देने की जरूरत नहीं, हिंदी का संत-भक्ति काव्य ऐसी अभिव्यक्तियों से भरा पड़ा है। वस्तुतः किसी कवि के सामने देश, जाति या धर्म की संकीर्ण रेखाएँ नहीं होतीं। उसका पक्ष सत्य, न्याय, प्रेम, शांति और मूल्यों का पक्ष होता है। हिटलर के हिंसात्मक कार्यों का विरोध स्वयं जर्मनी के लेखकों ने किया। फ्रांस के साहित्यकारों ने अपनी ही सरकार का विरोध करते हुए अल्जीरिया के मुक्ति-आंदोलन का समर्थन किया था। वियतनाम में होने वाली अमेरिकी बमबारी का विरोध स्वयं अमेरिकी लेखकों ने किया था। कवि का काम युद्धोन्माद पैदा करना नहीं है। युद्ध एक खौफनाक चीज है जिसमें देश बरबाद हो जाते हैं, संस्कृतियाँ नष्ट हो जाती हैं। युद्ध के द्वारा कोई समस्या हल नहीं हो सकती। फिर भी कहीं-कहीं युद्ध अनिवार्य हो जाता है—सत्य और न्याय के लिए। जब अहंकार सामने खड़ा ललकार रहा हो, अत्याचार अट्टहास कर रहा हो, मानवता कराह रही हो तो युद्ध भी एक निर्विकल्प सत्य बन जाता है। गीता में इसे धर्मयुद्ध कहा गया है। कवि इसे स्वीकार करता है। दुनिया की तमाम भाषाओं में युद्ध की कविताएँ लिखी गयी हैं। एक दूसरे कोण से देखें, तो रामायण और महाभारत भी युद्ध-काव्य हैं। किंतु संपूर्ण रामायण या गीता में कहीं उत्तेजना और आवेश की झलक नहीं मिलेगी। दोनों महान काव्य पाठक पर सिर्फ सत्य और न्याय के लिए लड़ने और पराङ्मुख न होने का असर छोड़ते हैं। सच्ची कविता इस संदर्भ में ऐसा ही असर छोड़ती है। कवि सम्मेलनों और मुशायरों में जो कवि जोश-खरोश में गला फाड़-फाड़कर वीर रस के नाम पर बकवासें करते हैं, उन्हें कविता नहीं मानना

1. दे., अर्धनारीश्वर : रामधारी सिंह दिनकर, पृ. 45

चाहिए। वे सस्ती भावुकता और आवेश से भरी हुई विध्वंसात्मक उत्तेजनाएँ हैं।

'कविता आत्माभिव्यक्ति होती है' अर्थात् कवि अपनी कविता में स्वयं को अभिव्यक्त करता है, यह बात सही है; पर इसका तात्पर्य यह नहीं कि कवि नितांत निजी सुख-दुख को कविता के रूप में अभिव्यक्त करता है। 'अभिव्यक्ति' एक व्यापक शब्द है। इसका अर्थ उस इच्छा-शक्ति की अभिव्यक्ति है, जो मनुष्य की बुनियादी विशेषता है। यह इच्छा-शक्ति न हो, तो कवि-कलाकार काव्य-कला को जन्म नहीं दे सकता। कवि के समक्ष जो प्रकृति-प्रदत्त सृष्टि और उसकी दी हुई व्यवस्था होती है, उससे कवि की इच्छा-शक्ति का टकराव होता है और वह अपनी अभिव्यक्ति के तरीके ढूँढ़ती है। यही काव्य-रचना और अन्य कलाओं के रूप में प्रकट होता है।

मनुष्य अपने को अभिव्यक्त करना चाहता है। लेकिन यह इच्छा उसमें क्यों है, इसका ठीक-ठीक उत्तर दे पाना बहुत कठिन है। यह आत्म-प्रकाशन की इच्छा भी है, एक से अनेक होने की भी तथा एक को दूसरे में मिला देने की भी। इसके मूल में शायद कहीं बहुत गहरा और पुराना यह सत्य भी है कि मनुष्य एक से ही अनेक हुआ है। शायद इसीलिए वह एक होना चाहता है और उसकी अनेकता में भी एकता दिखाई पड़ती है। अपनी अनेकानेक विविधताओं के बावजूद वह किसी-न-किसी स्तर पर एक-दूसरे के साथ समवेदना का अनुभव करता है। कवि अपने विशिष्ट भाव को जनसामान्य का भाव बनाने की कोशिश करता है और अपने को व्यक्त करने की इच्छा जैसी कवि में होती है वैसी ही पूरक इच्छा श्रोता या पाठक में भी होती है। इसीलिए कविता या कला का साधारणीकरण सम्भव होता है। अन्र्स्ट फिशर ने यह सवाल खड़ा किया है कि क्यों असंख्य लोग पुस्तकें पढ़ते हैं, संगीत सुनते हैं और प्रेक्षालयों में जाते हैं ? क्या अपना तनाव कम करने और मनोरंजन के लिए ? क्यों किसी दूसरे की जिंदगी और उसकी समस्याओं में शरीक होने से मनोरंजन होता है या सुकून मिलता है ? फिशर खुद इसका उत्तर देते हुए लिखते हैं कि आदमी 'स्वयं' से कुछ अधिक होना चाहता है। वह अपने व्यक्ति की अपूर्णता को पूर्णता देना चाहता है। अपने व्यक्तित्व को सामाजिक बनाना चाहता है। कला उसकी इकाई को पूर्णता देने का माध्यम है।[1]

कविता नितांत वैयक्तिक या कवि की निजी भावनाओं का प्रवाह नहीं होती। अनपके कवि कविता को इसी रूप में प्रस्तुत करते हैं। वे 'स्व' से मुक्त न होकर कविता की वैयक्तिकता तक ही सीमित रह जाते हैं। उसकी सामाजिक क्रियाशक्ति को नहीं पहचान पाते। टी. एस. इलिएट कविता को आत्माभिव्यक्ति मात्र नहीं मानते; न वे कविता में अनुभूति को अतिरिक्त महत्त्व देते हैं। उनके अनुसार कविता

1. Art is the indispensable means for this merging of the individual with the whole. It reflects his infinite capacity for association, for sharing experiences and ideas.—The Necessity of Art, P. 7-8

में बुद्धि और तर्क की कमी नहीं होती। इसीलिए काव्य-रचना करते समय कवि हर शब्द से जूझता है। इलिएट के अनुसार कविता स्वच्छन्द भाव-प्रवाह नहीं बल्कि उससे मुक्ति है। वह व्यक्तित्व की अभिव्यक्ति नहीं बल्कि उससे मुक्ति है।[1] मुक्तिबोध ने इसी को कला का दूसरा क्षण कहा है। उनके अनुसार कला का दूसरा क्षण है अनुभव का अपने कसकते-दुखते हुए मूलों से पृथक हो जाना और एक फैंटेसी का रूप धारण कर लेना।[2] दुनिया के सभी बड़े कवियों ने चाहे वे जिस भी भाषा और देश के हों, अपनी निजी वेदना को युगीन वेदना के साथ मिलाकर एकमेक कर दिया है। तुलसी ने 'रामचरितमानस' की रचना करते हुए यह जरूर कहा है कि वे 'स्वान्तः सुखाय' रचना कर रहे हैं, पर उनका अंतःकरण संपूर्ण मानवता का अंतःकरण होकर प्रकट होता है। लोकगीतों में अनाम गायकों ने जिस मार्मिकता के साथ अपनी वेदना की अभिव्यक्ति की है, वह दुर्लभ है। लेकिन वह उनकी नितांत व्यक्तिगत वेदना नहीं है। उसमें स्त्री, पुरुष और उस अंचल की संपूर्ण वेदना है, जो उन्हें पीढ़ी-दर-पीढ़ी जिंदा रहने की शक्ति दे रही है। इस दृष्टि से किसी भी भाषा के लोकगीत पढ़े जा सकते हैं।

ईश्वर और धर्म अब मनुष्य को बाँधने वाली ताकत नहीं रह गये हैं। आज के युग में मनुष्य की नियति को जो शक्तियाँ नियंत्रित-संचालित कर रही हैं उनमें राज्यसत्ता और विज्ञान प्रमुख हैं। वैज्ञानिक आविष्कारों ने जहाँ मनुष्य को सुख-सुविधाएँ दी हैं, वहीं उसके भविष्य के सामने प्रश्नचिह्न भी लगा दिये हैं। आज विनाशक वैज्ञानिक आविष्कारों और राज्यसत्ताओं की परस्पर होड़ा-होड़ी के बीच मनुष्य का भविष्य असुरक्षित हो गया है। विज्ञान, औद्योगिक प्रगति और तकनीकी क्रांति के चलते एक ओर मनुष्यता के अमानवीयकरण के खतरे हैं, तो दूसरी ओर विराट प्रकृति खतरनाक प्रयोगों की प्रयोगशाला बनकर मनुष्य के उपयोगितावादी हस्तक्षेप से असंतुलित हो रही है। साधारण और साधनहीन आदमी आज की उपभोक्ता-संस्कृति में क्रय-विक्रय की 'चीज' बन गया है। ऐसी स्थिति में आज के कवि की चिंता स्वाभाविक है कि वह मनुष्य और प्रकृति को, अपनी कविता के चिरंतन सरोकारों को इस व्यापक संकट से कैसे उबारे। आज की बदलती हुई वैज्ञानिक-यांत्रिक वास्तविकताओं के साथ अपना रिश्ता किस प्रकार कायम करे। आज सामूहिक प्रचार-साधनों, राजसत्ता और पूँजीवादी प्रतिष्ठानों के विज्ञापनों तथा औद्योगिक-व्यावसायिक संस्कृति ने भाषा को भ्रष्ट किया है। उसकी ताकत और उसकी विश्वसनीयता को नष्ट किया है। उसे छल और शोषण का माध्यम बनाया है। जब जर्मनी के कुछ रचनाकारों ने महसूस किया था कि उस भाषा में लिखना कठिन है जिसे हिटलर और उसके साथियों ने अमानवीय उत्पीड़न और फरेब का

1. Poetry is not a turning loose of emotion but an escape from emotion. It is not the expression of personality, but an escape from personality.

2 एक साहित्यिक की डायरी, ग.मा. मुक्तिबोध।

माध्यम बनाकर अविश्वसनीय कर दिया है, तो उनकी चिंता स्वाभाविक थी। अपनी भाषा को अर्थवान बनाये रहने की चिंता कवि की मूल चिंता होती है क्योंकि भाषा का ह्रास समाज के मानस का ह्रास होता है। यह चिंता सभी बड़े कवियों-कलाकारों में होती है। मानव का सारा अनुभव और चिंतन कला में ही तो सुरक्षित है। अन्यथा क्या साधन है लाखों वर्षों के मानवीय संघर्षों को जानने का, उसकी संस्कृति, उसके सही हालात को पहचानने का। आज अयोध्या और हस्तिनापुर नहीं हैं मगर वाल्मीकि और व्यास हैं। अमेरिकी कवि-समीक्षक केनेथ रेवसराथ ने सही कहा है कि संसार के विनाश के खिलाफ रचनात्मक कर्म ही एकमात्र बचाव है। यह जवाब उन लोगों के लिए है जो मानते हैं कि विज्ञान युग में साहित्य नष्ट हो जायेगा। जो यह कहते सुने जाते हैं कि विज्ञान और तकनीकी युग में, जबकि आदमी सृष्टि के बड़े-बड़े रहस्यों को खोलता जा रहा है, कला का क्या काम रह गया है। दरअसल कला का काम कभी खत्म नहीं होता। जब तक मनुष्यता जीवित है, कला भी जीवित रहेगी। जब तक दुनिया को आदमी की जरूरत है तब तक आदमी को कला की भी। टी. एस. इलिएट का यह कहना ठीक है कि अगर महान कवियों की उत्पत्ति का क्रम जारी न रहे तो भाषा और संस्कृति के ह्रास का क्रम जारी हो जायेगा। उर्दू कवि फ़िराक़ के शब्दों में, ''क्या वजह है कि हम शायरों-अदीबों की इज्जत करते हैं ? कोई मुसीबत किसी गजल के लिखने से दूर नहीं होती। जो कारोबारी जिंदगी की जरूरत पूरी करता है, वह बहुत बड़ी कमी पूरी करता है। हम रह तो नहीं सकते बे-रोटी के। लेकिन हम अपनी जिंदगी का शऊर हासिल करना चाहते हैं। शायर हमें यह शऊर देता है।...वजूद में हर समय बासी होने का डर रहता है। शायरी उसे बासी नहीं होने देती।''[1] 'कविता क्या है ?' शीर्षक अपने प्रसिद्ध निबंध में आचार्य रामचन्द्र शुक्ल ने कहा है—''ज्यों-ज्यों हमारी वृत्तियों पर सभ्यता के नये-नये आवरण चढ़ते जायेंगे त्यों-त्यों एक ओर तो कविता की आवश्यकता बढ़ती जायेगी, दूसरी ओर कवि-कर्म कठिन होता जायेगा। शुक्लजी के अनुसार कविता ही हृदय को प्रकृत दशा में लाती है और जगत के बीच क्रमशः उसका अधिकाधिक प्रसार करती हुई उसे मनुष्यत्व की उच्च भूमि पर ले जाती है। शुक्लजी कविता को मनुष्य के लिए अत्यंत प्रयोजनीय वस्तु मानते हैं। उनके अनुसार मनुष्य अपने व्यापारों का ऐसा सघन और जटिल मंडल बाँधता चला आ रहा है जिसके भीतर बँधा-बँधा वह शेष सृष्टि के साथ अपने हृदय का संबंध भूला-सा रहता है। इस परिस्थिति में मनुष्य को अपनी मनुष्यता खोने का डर बराबर रहता है। इसी से अंतःप्रकृति में मनुष्यता को समय-समय पर जगाते रहने के लिए कविता मनुष्य जाति के साथ चलती आ रही है और चली चलेगी।''

●●●

1. 27 नवम्बर 1970 को भारतीय ज्ञानपीठ द्वारा पुरस्कार प्राप्त करने के अवसर पर दिये गये भाषण से, 'दिनमान', 6 दिसम्बर 1970.